VAN XL NAAR S

Mieke Kosters

VAN XL NAAR S

Niet afzien,
wel afvallen

CARRERA
culinair

Eerste druk januari 2016
Tweede druk februari 2016
Derde druk maart 2016
Vierde druk juni 2016
Vijfde druk, september 2016

Ontwerp omslag: b'IJ Barbara
Ontwerp binnenwerk: Villa Grafica
Receptontwikkeling: Kelly Bennis
Sfeer- en receptfotografie: Saskia Lelieveld
Styling receptfotografie: Inge Tichelaar
Visagie sfeerfotografie: Carmen Zomers

ISBN 978 90 488 2986 6
ISBN 978 90 488 2987 3 (e-book)
NUR 440

www.uitgeverijcarrera.nl
www.overamstel.com
www.miekekosters.nl

OVERAMSTEL
uitgevers

Carrera is een imprint van Overamstel uitgevers bv

INHOUD

Voorwoord

Toen ik mijn man en vriendinnen vertelde dat ik een receptenboek op de markt zou brengen, reageerden ze lachend. Jij? Een kookboek?

Niet dat ik niet van eten houd. Liefde voor lekker eten en drinken heb ik altijd gehad. Ik vind het heerlijk om uit eten te gaan in een toprestaurant of thuis met vrienden uitgebreid te tafelen. Maar meestal zit ik dan aan tafel of schenk ik de wijn in – ik sta meestal niet in de keuken.

Waarom dan toch een boek met recepten? Dat komt omdat ik de afgelopen jaren heb gemerkt dat iedereen (en zeker afvallers) op zoek is naar variatie in het eetpatroon. Elke week hetzelfde eten is saai en stimuleert niet om bewuste keuzes te maken. De twee vragen die mij de afgelopen jaren het meest werden gesteld zijn: wat eet jij dan precies? En: heb je geen recepten of menu's waarmee ik afval? Iedereen wil graag geïnspireerd worden in lekker eten én afvallen (ik ook).

Maar goed, in mijn visie is het essentieel dat ik niet vertel wat jij moet eten. Ieder lichaam is anders en iedereen heeft z'n eigen voorkeuren. Blijvend slank zijn, betekent juist zélf verantwoordelijk zijn voor je eetgedrag. Eigen keuzes maken. Precies eten wat ik eet heeft dus geen enkele zin, dat doe je (net als diëten) alleen maar tijdelijk. Dus ging ik zoeken naar een manier om lekkere en slanke eetinspiratie te geven, zonder opgeheven vingertje: dit mag jij wel, dat niet.

Wat het proces versnelde is dat je de laatste tijd zoveel hoort over de gevaren van eten. Er is (als je alles gelooft) heel veel ongezond. Brood is bedreigend, suiker verslavend en melk een *no go*. Zelfs vruchtensapjes zijn onder vuur komen te liggen. Het is om moedeloos van te worden. Alle nieuwe (super)voedings- en gezondheidshypes richten zich op wát je eet. *Food is fuel*; eten is de brandstof voor je lichaam. Dus zorg ervoor dat je de juiste, gezonde dingen kiest, zeggen ze.

Maar wat de één gezond vindt, vindt de ander maar achterhaald of waardeloos. En dat maakt het allemaal wel verwarrend en onoverzichtelijk. En: als jouw basis 'normaal' gezond is en je geniet juist van af en toe een wijntje of chipje 's avonds, moet je daar dan wel mee stoppen? Om nog gezonder of gezondst te worden...

of sla je dan juist de plank mis? Want: eten is dan misschien wel brandstof, het grootste probleem van de groep mensen met overgewicht is: te veel tanken. En de grap is, ook mensen die best gezond of voornamelijk gezond eten, hebben hier last van. Ook van te veel olijfolie, noten en avocado word je te zwaar of val je niet af.

Dus: heb jij al heel veel diëten of eetstijlen geprobeerd en val je altijd weer terug in je oude patronen? Dan zit de crux voor jou (en ik gok dat dit voor zo'n 80 procent van de mensen geldt) niet zozeer in wát je eet, maar vooral in waarom en hoeveel je eet. Dan eet je bijvoorbeeld te veel uit verveling, moeheid, of omdat het zo gezellig en lekker is. Afvallen betekent dan: leren stoppen met overeten, gewoontes doorbreken. Oftewel: niet per se anders eten en lekkere of ongezonde dingen uitsluiten, maar vooral minder (kcal) eten. En op je hoeveelheden letten. Zeg maar: meer voor s'jes kiezen.

In dit boek is mijn liefde voor lekker eten, de behoefte aan variatie in makkelijke, lekkere en slanke recepten én een eenvoudige manier om minder te eten gecombineerd. *Van xl naar s* maakt het vinden van balans in je eetdag, bewuste keuzes maken en experimenteren met nieuwe recepten niet alleen makkelijk, maar ook nog eens heel leuk én slank.

Afvallen én lekker eten gaat heel goed samen. Afzien is niet nodig. Laat je niet gek maken, ga weer gewoon genieten van eten. Alles mag. Jij kiest alleen het allerlekkerst!

Ontdek het zelf en eet je slank!

Mieke Kosters

VAN XL NAAR S

Als je wilt afvallen, ga je richting de s. Of je deze maat nu helemaal bereikt of niet. Vanaf mijn vijftiende had ik maat l of xl. Ik droeg het liefst grote oversized blouses en truien, zodat mijn buik bedekt was. Als ik kleding kocht, keek ik niet naar wat ik leuk vond; ik keek alleen naar de kledingstukken die me afkleedden.

Tussen mijn vijftiende en drieëndertigste heb ik drie á vier keer wel in maat s (of m, dat vind ik prima) gepast. Ik kan nu nog het trotse gevoel oproepen dat ik had in mijn slanke zomer toen ik een jaar of drieëntwintig was. Ik voelde me fantastisch! Helaas ging het daarna toch altijd weer van s naar m, en verder omhoog.

Eén van de redenen dat ik steeds weer aankwam, was dat ik afviel door te lijnen. Noem een dieet en ik ken het, zonder uitzondering. Als ik weer eens voldoende moed had verzameld om een nieuwe afslankpoging te wagen, begon het afzien. Alle dingen waar ik echt van houd (wijn, chocolade...) bande ik (tijdelijk) uit mijn leven. Ik volgde een strikt menu of hield me aan strikte regels: geen alcohol of suikerrijke tussendoortjes, drie maaltijden op een dag, verder fruit, schijfjes komkommer, wortels en soms een cracker tussendoor.

Meestal bereikte ik mijn streefgewicht overigens niet eens helemaal. Over het algemeen wonnen de volgende gedachten het van mijn motivatie: *ik ben geen saai type, het leven moet wel leuk blijven, hoe belangrijk is mijn gewicht eigenlijk, ik heb nu eenmaal geen discipline als het gaat om lekker eten...* En als ik na een week afzien niets afviel, lukte het me sowieso niet om door te zetten. Waar deed ik het dan voor?

De paar keer dat ik wel mijn streefgewicht bereikte, was ik superblij en vastbesloten om nóóit en te nimmer meer zwaarder te worden. Maar tja, na het afzien mochten chocolade en wijn weer op het menu. En dat liet ik natuurlijk niet staan, nu het eindelijk weer kon...

Inmiddels zo'n tien jaar geleden pakte ik het voor het eerst anders aan. In mijn boek *Het geheim van slanke mensen* vertel ik uitgebreid hoe ik ben afgevallen door simpelweg slanke mensen te bestuderen. Ik dacht vroeger dat ik botte pech had. Mijn moeder zei altijd: 'Wij (de gezellige dikkerdjes) komen van de wind al aan. Die slanke types, die hebben geluk. Die kunnen alles eten wat ze willen en worden nooit zwaarder.'

Met die gedachte in mijn hoofd begon ik mijn slanke vriendinnen te observeren. Zij gingen naar dezelfde feestjes, dronken ook wijn en aten eveneens bitterballen. Al snel kwam ik erachter dat pech of geluk niet zoveel met mijn gewicht te maken had. Ik ging (meestal onbewust) werkelijk anders met eten om dan die dunne types.

Mijn eerste observatie was dat slanke mensen niet de hele dag worteltjes eten. De enige mensen die wél de hele dag worteltjes of komkommers eten, zijn mensen die aan het lijnen zijn. Slanke mensen eten wel degelijk chocolade en drinken ook een wijntje.
Ze slaan alleen niet door op een feestje, wat ik wel deed. Ik vond alles lekker en wilde altijd méér. Het was immers een feestje! Dan moest je het er ook van nemen, dacht ik altijd.

Slanke mensen eten wel degelijk chocolade en drinken ook een wijntje.

De kern van het verschil tussen slanke mensen en mezelf, zo ontdekte ik: slanke mensen eten wat ze willen. Ze mógen van zichzelf eten wat ze willen, ze wíllen alleen niet te veel eten. Ze willen slank blijven. En dus maken ze keuzes. Van en/en naar of/of. Nee zeggen tegen iets lekkers is voor hen geen probleem. Voor mij voelde elke 'nee' tegen iets waar ik zin in had als een enorme opoffering of een grootse prestatie. Voor slanke mensen is een 'nee' tegen overeten logisch. 'Tja, als je alles wilt eten wat voorbijkomt in onze overvloedige maatschappij, word je te dik. Als je dat niet wilt, zeg je af en toe "nee". Dan drink ik wel een glas wijn maar laat ik de chips staan,' legde een goede vriendin uit.

En daar viel het kwartje. Alles mogen eten, alleen niet alles kiezen. En bedenken: hoe erg is het werkelijk om keuzes te maken? Ik kom heus niets tekort: ik eet alles, alleen niet alles NU. Sinds die eyeopener heb ik het slanke eetgedrag van mijn vriendinnen gekopieerd. En ook ik ben inmiddels al tien jaar een 'slanke geluksvogel'. Ik eet wat ik wil (dus ook wijn en chocolade) alleen niet langer te veel. En daar ben ik heel tevreden mee.

Afvallen draait in mijn ogen dus om vaker kiezen voor je langetermijndoel en je waarden, en niet – al is het moeilijk (te lekker, gezellig, moe, verdrietig) – voor de kortetermijnverleiding. Je laat de peuter in jezelf, die alleen aan het nu denkt: IK WIL NU ETEN, KAN MIJ HET SCHELEN, af en toe gewoon even schreeuwen zonder ernaar te handelen.

Dat lukt jou ook, door bewust stil te staan bij wat er gebeurt (in jezelf) als je eetdrang hebt. Door te denken aan je langetermijndoel: hoe voel je je als je nu toch die tweede en derde stroopwafel eet? En hoe, als je nu nee zegt? Geloof me, in het laatste geval voel je je (zeker *in the end*) vele malen beter: minder eten is zoveel leuker dan overeten!

Als je de neiging hebt tot overeten, bedenk dan vanaf nu dat je drie mogelijkheden hebt:
1. **Dik-kiezen**: Ik wil het en ik eet het (kan mij het schelen).
2. **Dieet-kiezen:** Ik wil het wel, ik mag het niet (arme ik).
3. **Slank-kiezen:** Ik mag het wel, ik wil het niet (ik kies er niet voor, ik heb regie).

Het verschil tussen dieet-kiezen en slank-kiezen is in mijn ogen essentieel. Op het moment dat je zegt 'ik wil het wel, ik mag het niet' maak je jezelf eigenlijk klein ('arme ik'). Je hebt geen invloed. Een goeroe (of mama) vertelt wat jij wel en niet mag eten. Dat leidt ertoe dat je braaf de regels volgt tot je rebels wordt: *dat gedoe ook altijd; ik bepaal lekker zelf wel wat ik eet*. En hop, daar gaat zo weer een hele chocoladereep naar binnen. Niemand houdt zich een leven lang aan externe eetregels, niemand kan een leven lang afzien. Dat is de reden dat aan diëten doen slechts tijdelijk werkt.

Als je een slanke keuze maakt, bepaal je zélf wat je wel en niet eet. Dan staat er niets op de lijst met verboden middelen. Jij kiest! Je overziet de consequenties van je gedrag en stuurt daarop. Je hebt een normale, volwassen eetrelatie. Jij bent de baas over wat je wel en niet in je mond stopt. En dat betekent zonder frustratie minder eten. Niet meer bezig zijn met wat je eigenlijk allemaal niet mag en genieten van wat je wel eet! Je eetgedrag overkomt je niet, je hebt invloed. De beste dieetgoeroe ben je zelf!

In dit boek zeg ik dus niet wat jij wel of niet moet eten. Er staat niets op de verbodenmiddelenlijst. Het boek past volledig in mijn visie dat een gezonde levensstijl in de kern draait om matigen, balans vinden, slim combineren en kiezen.

Elk recept heeft een maat: xs, s, m, l of xl. Die code staat voor het aantal kcal dat het gerecht bevat. Als je de hele dag xs-gerechten eet, val je (snel) af. Combineer je s'jes met m- en l-gerechten, dan blijf je op gewicht. Eet je vooral xl-gerechten, dan kom je waarschijnlijk aan.
Nu heeft iedereen een andere verbranding, mede afhankelijk van je geslacht, leeftijd en bewegingsniveau, dus gebruik de maten als indicatie en ontdek met welke matencombinaties jij voldoende afvalt of mooi op gewicht blijft.

De truc is in ieder geval om slim te combineren! Je dag is niet verpest als je een xl-ontbijt of een l-tussendoortje kiest, dan neem je 's avonds een soepje met brood (xs). Op deze manier vind je makkelijk je eigen balans. Varieer, geniet heel bewust van lekker eten en van een gezond gewicht.

Eet smakelijk!

PS. Lukt het je niet te stoppen met overeten, in mijn andere boeken ga ik dieper in op de psychologie achter je eetgedrag. Welke patronen spelen er bij jou als het niet lukt? Hoe stap je uit zo'n DIP (Denken In Problemen) en pak je opnieuw de regie? Zie www.miekekosters.nl voor alle boeken en veel trainingen.

HOE WERKT DIT BOEK

SLIM COMBINEREN

Bij de recepten staan het aantal kcal per portie voor 1 persoon aangegeven.
De maat (xs, s, m, l, xl) bij het recept geeft aan of het een mager of vrij calorierijk gerecht is. Gebruik de maten als leidraad om een gerecht te kiezen die bij jou en bij jouw doelen past.
Met behulp van de tips kun je de gerechten naar wens aanpassen. Zo maak je met een slanktip van een calorierijk gerecht een lichtere variant en geef je met een plustip het gerecht nog wat extra's.
Kies een eetpatroon dat bij jou past.
Pak regie, experimenteer en varieer.
Jij bepaalt!

TIPS

- Oventemperaturen zijn die van een conventionele oven, geen heteluchtoven. Elke oven verschilt, dus houd het gerecht goed in de gaten.

- Rasp alleen het gekleurde gedeelte van de schil van een citrusvrucht, het witte gedeelte smaakt bitter. Doe dit vlak voordat je de schil nodig hebt, anders verliest de rasp zijn smaak. Kies biologische citrusvruchten.

- Gebruik een keukenweegschaaltje voor het afwegen van de ingrediënten. Inhoudsmaten: 1 el = 15 ml, 1 tl = 5 ml – er zijn handige setjes maatlepels te koop.

KCAL ONTBIJT	KCAL LUNCH	KCAL DINER	KCAL TUSSENDOOR
tot 200 = xs	tot 300 = xs	tot 350 = xs	tot 50 = xs
200-250 = s	300-400 = s	350-450 = s	50-100 = s
250-300 = m	400-500 = m	450-550 = m	100-150 = m
300-400 = l	500-600 = l	550-650 = l	150-200 = l
> 400 = xl	> 600 = xl	> 650 = xl	> 200 = xl

Waar te koop

- **amandelmelk:** supermarkt of natuurwinkel
- **bulgur:** (Turkse) supermarkt of natuurwinkel
- **chiazaad:** supermarkt of natuurwinkel
- **edamame:** (oosterse) supermarkt
- **freekeh:** supermarkt of natuurwinkel
- **ingemaakte groene pepertjes:** in het schap bij de olijven
- **lemoncurd:** in het schap bij de jam
- **lijnzaad:** supermarkt of natuurwinkel
- **manchego:** supermarkt of kaaswinkel
- **ras el hanout:** (oosterse) supermarkt
- **rijstmelk:** supermarkt of natuurwinkel
- **rijstvellen:** (oosterse) supermarkt
- **sesamolie:** (oosterse) supermarkt
- **skyr:** in het zuivelschap
- **tarwezemelen:** supermarkt of natuurwinkel
- **Turks brood:** (Turkse) supermarkt of bakker
- **volkorenmeel:** supermarkt of molenwinkel
- **Weerribben magere kwark:** natuurwinkel

Handig in de keuken

- aluminiumfolie
- antiaanbakpan
- bakpapier
- bakplaat
- beslagkom
- blender of staafmixer
- broodmes
- cakevorm
- eenpersoonsovenschaaltjes
- fornuis
- grillpan
- ijslollyvorm
- kaasschaaf
- keukenmes
- keukenpapier
- koekenpan
- kookpan
- maatbeker
- maatlepels
- magnetron
- mandoline
- meloenbolletjestang
- mok
- muffinvormpjes
- oven
- ovenschaal
- pot met deksel
- pureestamper
- rasp
- rooster
- satéprikker
- schaaltjes
- siliconen bakkwastje
- snijplank
- steelpan
- tosti-ijzer
- vergiet
- weegschaal
- zeef

ONTBIJT

Ik hoor vaak: het ontbijt is toch de belangrijkste maaltijd van de dag? Het brengt de spijsvertering op gang, de motor moet branden. Tja, ik heb daar niet zoveel mee. Ik houd er namelijk niet van om direct uit bed veel te eten. Sterker nog. Ik neem liever eerst even een kop koffie verkeerd en eet later wel wat. Ja maar, dat is toch niet goed als je af wilt vallen, is dan de reactie.

En dat raakt precies de kern van mijn bestseller *Het geheim van slanke mensen*. Ik kies wat bij mijn levensstijl en mijn lichaam past. Ik voel me hier goed bij. Bovendien: in Italië ontbijt bijna iedereen met een cappuccino en is lang niet iedereen te zwaar. Kortom, volg niet blindelings alles wat je hoort of leest. Luister naar je eigen lichaam. Door te kiezen wat echt bij jou past, ontwikkel je een levensstijl die houdbaar is voor altijd. Alles mag. De vraag is: wat past bij jou?

Ik ben dan geen ontbijter, maar een fruitsmoothie na mijn koffie verkeerd vind ik heerlijk. Die is bovendien in een handomdraai klaar. En met een smoothie hebben mijn kinderen, man en ik ons dagelijkse portie fruit al mooi binnen.

VOOR 1 PERSOON
(6 STUKS)

MINI-PANCAKES
MET SINAASAPPEL

- S -
216 KCAL

INGREDIËNTEN
25 g (volkoren)meel
1 ei, geklutst
30 ml water
50 g banaan, geprakt
½ tl plantaardige olie
¼ biologische sinaasappel, rasp

BEREIDINGSWIJZE
Meng het meel, ei, water en de banaan tot een homogeen beslag. Verwarm de olie in een antiaanbakpan op hoog vuur en verdeel de olie met een kwastje. Schep met een lepel 20 milliliter beslag in de pan. Draai de pancake om als hij gemakkelijk te verschuiven is en zet het vuur laag. Bak de pancake aan beide zijden goudbruin en gaar. Herhaal tot het beslag op is. Bestrooi met sinaasappelrasp.

PLUSTIP - **L** - 316 KCAL
Voeg bij het serveren 1 sinaasappel in partjes, 1 eetlepel geroosterd amandelschaafsel en 1 theelepel ahornsiroop toe.

Als we in het weekend lekker hebben uitgeslapen, zijn mijn kinderen altijd te porren voor mini-pancakes. En ik ook, ze zijn heerlijk!

VOOR 1 PERSOON
(6 STUKS)

MINI-PANCAKES

MET APPEL, HAVERMOUT EN CITROEN

-S-
240 KCAL

INGREDIËNTEN

20 g (volkoren)meel
2 el havermout
1 ei, geklutst
30 ml water
25 g banaan, geprakt
¼ appel, in dunne plakjes
½ tl kaneel + extra naar smaak
1 biologische citroen, rasp
½ tl plantaardige olie

BEREIDINGSWIJZE

Meng het meel, de havermout, het ei, water, de banaan, appel, het kaneel en de helft van de citroenrasp tot een homogeen beslag.Verwarm de olie in een antiaanbakpan op hoog vuur en verdeel de olie met een kwastje. Schep met een lepel 20 milliliter beslag in de pan. Draai de pancake om als hij gemakkelijk te verschuiven is en zet het vuur laag. Bak de pancake aan beide zijden goudbruin en gaar. Herhaal tot het beslag op is. Bestrooi met de citroenrasp en bestuif naar smaak met extra kaneel.

VOOR 1 PERSOON
(6 STUKS)

MINI-PANCAKES

MET MAANZAAD, VANILLE EN BLAUWE BESSEN

- M -
258 KCAL

INGREDIËNTEN

25 g (volkoren)meel
1 ei, geklutst
30 ml water
50 g banaan, geprakt
paar druppels vanillearoma
2 tl maanzaad
½ tl plantaardige olie
1 hand blauwe bessen

BEREIDINGSWIJZE

Meng het meel, ei, water, de banaan, het vanillearoma en de helft van het maanzaad tot een homogeen beslag. Verwarm de olie in een antiaanbakpan op hoog vuur en verdeel de olie met een kwastje. Schep met een lepel 20 milliliter beslag in de pan. Draai de pancake om als hij gemakkelijk te verschuiven is en zet het vuur laag. Bak de pancake aan beide zijden goudbruin en gaar. Herhaal tot het beslag op is. Bestrooi met het overige maanzaad en de blauwe bessen.

SKYR MET APPELCOMPOTE EN MUESLI

VOOR 1 PERSOON - **S** - 240 KCAL

INGREDIËNTEN

½ appel, in blokjes
200 g skyr (of yoghurt)
2 el muesli zonder suiker

BEREIDINGSWIJZE

Doe de blokjes appel met een beetje water in een steelpan. Kook de appel in 5-10 minuten zacht tot appelcompote op laag vuur, roer regelmatig. Laat de appelcompote helemaal afkoelen en zet vervolgens in de koelkast zodat de compote ijskoud wordt. Schep de skyr met de appelcompote en muesli in laagjes in een schaaltje.

Snelle tip
Gebruik appelcompote uit een potje.

KWARK MET CRUNCHY HAVERMOUT EN BLAUWE BESSEN

VOOR 1 PERSOON - **L** - 319 KCAL

INGREDIËNTEN

5 el havermout
1 tl honing
200 g magere kwark
100 g blauwe bessen
1 el gebroken lijnzaad

BEREIDINGSWIJZE

Rooster de havermout in een droge koekenpan op laag vuur. Schud de havermout goed door de pan. Voeg de honing toe, roer goed door en bak de havermout knapperig. Pas op voor aanbranden. Laat de havermout afkoelen op een bord. Schep de kwark in een kom en bestrooi met de crunchy havermout, blauwe bessen en het lijnzaad.

SLANKTIP - **M** - 266 KCAL

Laat de honing weg en rooster 3 eetlepels havermout.

TURKSE YOGHURT MET KOEKJES EN WALNOTEN

VOOR 1 PERSOON - **S** - 239 KCAL

INGREDIËNTEN

200 g Turkse yoghurt 3% vet
3 Jules Destrooper fruitkoekjes (framboos of sinaasappel) of 1 koekje naar keuze (12 g)
10 g walnoten

BEREIDINGSWIJZE

Schep de yoghurt in een schaaltje.Breek de koekjes en de walnoten in grove stukjes en strooi over de yoghurt.

PLUSTIP - **L** - 361 KCAL

Vervang de yoghurt door 200 gram volle Turkse yoghurt.

GRIEKSE YOGHURT MET SINAASAPPEL EN PECANNOTEN

VOOR 1 PERSOON - **L** - 350 KCAL

INGREDIËNTEN

200 g Griekse yoghurt 0% vet
1 sinaasappel, in partjes
1 handje pecannoten

BEREIDINGSWIJZE

Schep de yoghurt in een schaaltje en verdeel de sinaasappel en pecannoten over de yoghurt.

PLUSTIP - **XL** - 486 KCAL

Vervang de yoghurt door 200 gram volle Griekse yoghurt.

YOGHURT MET VERSGEPERST SINAASAPPELSAP EN GRANOLA

VOOR 1 PERSOON - **XL** - 578 KCAL

INGREDIËNTEN

150 ml versgeperst sinaasappelsap
200 ml magere yoghurt
1 portie granola (zie blz. 24)

BEREIDINGSWIJZE

Giet het sinaasappelsap in een groot glas. Giet daarop de yoghurt en schep de granola erbovenop. Serveer met een lange lepel.

SLANKTIP - **S** - 217 KCAL

Vervang de granola door 1 eetlepel muesli zonder suiker en 2 eetlepels geroosterde havermout.

VOOR 1
PERSOON

CRUNCHY FRUITSALADE

MET GRANOLA

- XL -
529 KCAL

INGREDIËNTEN
1 hand kersen
1 hand blauwe bessen
1 hand frambozen
½ appel, in blokjes

GRANOLA
1 el hazelnoten, gehakt
25 g havermout
1 el pompoenpitten
1 el zonnebloempitten
1 el cranberry's, gedroogd
1 tl honing

BEREIDINGSWIJZE
Meng het fruit en doe het in een schaaltje. Meng de ingrediënten voor de granola in een kom, behalve de honing. Rooster het mengsel in een droge koekenpan op laag vuur. Voeg de honing toe, roer goed door en bak de granola knapperig. Pas op voor aanbranden. Laat de granola afkoelen op een bord. Bestrooi de fruitsalade met de granola.

VOOR 1
PERSOON

FRUITSALADE

MET AMANDEL EN CITRUSSCHIL

- L -
311 KCAL

INGREDIËNTEN
1 peer, in blokjes
1 sinaasappel, in partjes
1 handje blauwe bessen
1 handje ongezouten amandelen
½ biologische limoen, rasp
½ biologische citroen, rasp

BEREIDINGSWIJZE
Meng het fruit en doe het in een schaaltje. Rooster de amandelen in een droge koekenpan tot ze goudbruin zijn. Laat afkoelen op een bord. Bestrooi de fruitsalade met de amandelen en limoen- en citroenrasp.

Granola bevat relatief veel calorieën, maar is gezond én lekker bij de yoghurt of over fruit. Nu houd ik sowieso van fruit; eigenlijk vind ik het (met granola) vaak lekkerder als tussendoortje dan een koek of een andere zoete snack. Dat wist ik vroeger niet. Af en toe moet je gewoon eens wat nieuwe dingen proberen, dan pas kan je betere keuzes maken. Dus experimenteer er lekker op los!

VOOR 1
PERSOON

TROPISCHE CHIAPUDDING

MET MANGO EN KOKOS-RIJSTMELK

- S -
249 KCAL

INGREDIËNTEN

200 ml kokos-rijstmelk
25 g chiazaad
50 g mango, in blokjes
50 g banaan, geprakt

BEREIDINGSWIJZE

Doe de kokos-rijstmelk, het chiazaad, de mango en banaan in een schaaltje of pot met deksel. Roer heel goed door, zodat alle chiazaadjes goed gemengd zijn met de kokos-rijstmelk. Laat een nacht in de koelkast staan, het chiazaad wordt hierdoor zacht en er ontstaat een geleiachtige structuur.

PLUSTIP - **L** - 313 KCAL

Neem 50 gram mango, 80 gram banaan en garneer met 1 eetlepel gedroogde kokos.

Je lichaam is geen kliko.
Eten weggooien is zonde,
maar het in je eigen lichaam
kieperen is nog meer zonde.

Mijn moeder at vroeger vaak havermoutpap. En als wij dat als kinderen ook moesten eten, gruwden we ervan. Waarom weet ik eigenlijk niet, waarschijnlijk omdat het móest. En omdat het er – wat mij betreft – niet direct lekker uitziet. Nu havermout hip en happening is, heb ik het op mijn drieënveertigste zomaar uit mezelf opnieuw geprobeerd. En *guess what*? Ik vind het heerlijk! (Maar dat heb ik mijn moeder mooi nog niet verteld...)

VOOR 1 PERSOON

OVERNIGHT OATS
MET ROOD FRUIT

- S -
238 KCAL

INGREDIËNTEN
25 g havermout
75 ml versgeperst sinaasappelsap
150 ml rijstmelk, ongezoet
50 g aardbeien, geprakt
50 g gemengd rood fruit (diepvries)

BEREIDINGSWIJZE
Doe alle ingrediënten in een schaaltje of pot met deksel en roer goed door. Laat een nacht in de koelkast staan.

SNELLE TIP
Heb je haast? Neem vers fruit of laat het diepvriesfruit snel ontdooien door het eerst te overgieten met kokend water. Giet af zodra het fruit ontdooid is en meng het door de overige ingrediënten. Laat alles een halfuur staan of zolang als je kunt wachten.

PLUSTIP - M - 289 KCAL
Voeg nog 100 gram gemengd rood fruit toe en 1 eetlepel gebroken lijnzaad.

VOOR 1 PERSOON

OVERNIGHT OATS
MET BANAAN, CACAO EN SINAASAPPEL

- M -
276 KCAL

INGREDIËNTEN
25 g havermout
1 el tarwezemelen
200 ml amandelmelk, ongezoet
2 el versgeperst sinaasappelsap
100 g banaan, geprakt
1,5 el cacaopoeder, ongezoet
¼ biologische sinaasappel, rasp

BEREIDINGSWIJZE
Doe alle ingrediënten behalve de sinaasappelrasp in een schaaltje of pot met deksel en roer goed door. Laat minimaal een halfuur tot een nacht in de koelkast staan. Roer vlak voor het serveren de sinaasappelrasp door de havermout.

PLUSTIP - XL - 512 KCAL
Serveer met 1 handsinaasappel in partjes en 1 handje grof gebroken pecannoten.

VOOR 1 PERSOON

CROISSANT
MET LEMONCURD EN FRAMBOZEN

- M -
299 KCAL

INGREDIËNTEN

1 croissant
1 el lemoncurd
1 hand frambozen, ontdooid

BEREIDINGSWIJZE

Snijd de croissant open, bestrijk met de lemoncurd en beleg met de frambozen.

VOOR 1 PERSOON

CROISSANT
MET CITRUSBOTER

- M -
264 KCAL

INGREDIËNTEN

1 croissant
½ tl roomboter, zacht
¼ biologische citroen, rasp
¼ biologische sinaasappel, rasp
½ biologische limoen, rasp

BEREIDINGSWIJZE

Snijd de croissant open en bestrijk met de roomboter. Bestrooi de boter naar smaak met citroen-, sinaasappel- en limoenrasp.

Meestal ontbijt ik niet zo uitgebreid, maar ik heb één vaste regel: als er iets te vieren valt, neem ik een croissantje. Een genietmomentje, zeg maar. Doen!

VOOR 1
PERSOON

CROISSANT

MET CHOCOLADEPASTA EN AARDBEIEN

~ **M** ~
298 KCAL

INGREDIËNTEN

1 croissant
½ el chocoladepasta
1 hand aardbeien, in plakjes

De favoriet van mijn kinderen. Hier mag ik ze altijd wakker voor maken. Zeker als de croissants nog warm zijn en net uit de oven komen...!

BEREIDINGSWIJZE

Snijd de croissant open, bestrijk met de chocoladepasta en beleg met de plakjes aardbei.

PLUSTIP ~ **XL** ~ 477 KCAL
Voeg 1 handje gehakte, geroosterde hazelnoten toe.

utella
200g

VOOR 1 PERSOON

SPICY BREAKFAST

MET SALAMI EN INGEMAAKTE PEPER

- XS -
190 KCAL

Dit ontbijtje is een herinnering aan mijn studententijd. De plusvariant bestelde ik altijd als ik brak was bij het brunchtentje om de hoek. Nu ik zelf een oven heb, is dit mijn *treat* na een lange nacht...

INGREDIËNTEN

1 plakje (pittige) salami
1 kaiserbroodje
2 ingemaakte groene pepertjes, in ringetjes
3 zwarte olijven, in plakjes

BEREIDINGSWIJZE

Verwarm de oven voor op 175 °C.
Beleg het kaiserbroodje met de salami.
Strooi de ringetjes peper en de plakjes olijven over de salami. Zet een paar minuten in de oven.

PLUSTIP - M - 264 KCAL

Een plakje kaas erbij maakt dit ontbijtje extra lekker.

SLANKTIP - XS - 130 KCAL

Low fat? Vervang de salami door 1 plakje fricandeau. Verwarm het broodje dan niet in de oven.

VOOR 1 PERSOON

RIJSTWAFEL

MET OLIJVENTAPENADE EN RUCOLA

- XS -
37 KCAL

INGREDIËNTEN

1 rijstwafel
½ el olijventapenade
1 handje rucola

BEREIDINGSWIJZE

Bestrijk de rijstwafel met de olijventapenade en beleg met de rucola.

VOOR 1 PERSOON

BESCHUIT
MET GEBAKKEN APPEL EN KANEEL

- XS -
81 KCAL

INGREDIËNTEN
½ appel, in plakjes
1 volkoren beschuit
kaneel

BEREIDINGSWIJZE
Bak de plakjes appel in 5 minuten zacht in een koekenpan met enkele druppels water. Beleg de beschuit met de warme appel en bestrooi met kaneel.

PLUSTIP - XS - 103 KCAL
Bak de appel zacht en goudbruin in een ½ theelepel roomboter, laat het water weg.

SLANKTIP - XS - 42 KCAL
De appel met kaneel is ook lekker zonder beschuit.

VOOR 1 PERSOON

ROGGEBROOD
MET SPICY AVOCADO

- XS -
183 KCAL

INGREDIËNTEN
1 snee roggebrood
¼ avocado, in plakjes
chilipoeder
peper

BEREIDINGSWIJZE
Beleg het roggebrood met de plakjes avocado en bestrooi naar smaak met chilipoeder en peper.

VOOR 2 KOEKEN

HAVERKOEK
MET BANAAN, ROZIJNEN EN KANEEL

- L -
303 KCAL

INGREDIËNTEN
50 g banaan, geprakt
30 g pindakaas
40 g havermout
1 el tarwezemelen
1 el gebroken lijnzaad
20 g rozijnen
1 el zonnebloempitten
1 tl kaneel

BEREIDINGSWIJZE
Verwarm de oven voor op 200 °C. Meng alle ingrediënten met een vork tot een goed samenhangend geheel. Verdeel het deeg in twee stukken. Bekleed een bakplaat met bakpapier en druk het deeg plat in twee rechthoeken van maximaal een halve centimeter dik, zorg dat de rozijnen zo veel mogelijk aan de onderkant zitten. Bak de haverkoeken in het midden van de oven in 12-15 minuten goudbruin, pas op dat de rozijnen niet verbranden. Laat de koeken voor het serveren afkoelen op een rooster tot ze lauwwarm of koud zijn. Je kunt de haverkoeken in een afgesloten trommel 2 dagen bewaren, maar dezelfde dag zijn ze het lekkerst.

VOOR 2 KOEKEN

HAVERKOEK
MET CRANBERRY'S EN POMPOENPITTEN

- M -
295 KCAL

INGREDIËNTEN
50 g banaan, geprakt
30 g pindakaas
40 g havermout
1 el tarwezemelen
1 el gebroken lijnzaad
20 g cranberry's, gedroogd
1 el pompoenpitten

BEREIDINGSWIJZE
Verwarm de oven voor op 200 °C. Meng alle ingrediënten met een vork tot een goed samenhangend geheel. Verdeel het deeg in twee stukken. Bekleed een bakplaat met bakpapier en druk het deeg plat in twee rechthoeken van maximaal een halve centimeter dik, zorg dat de cranberry's zo veel mogelijk aan de onderkant zitten. Bak de haverkoeken in het midden van de oven in 12-15 minuten goudbruin, pas op dat de cranberry's niet verbranden. Laat de koeken voor het serveren afkoelen op een rooster tot ze lauwwarm of koud zijn. Je kunt de haverkoeken in een afgesloten trommel 2 dagen bewaren, maar dezelfde dag zijn ze het lekkerst.

VOOR 1
PERSOON

CRUMBLE

MET APPEL, KANEEL EN HONING

- **S** -
212 KCAL

INGREDIËNTEN

1 appel, in blokjes
½ tl kaneel
1 tl honing
30 g havermout

BEREIDINGSWIJZE

Verwarm de oven voor op 200 °C. Leg een stukje bakpapier in een eenpersoonsovenschaaltje. Meng de appel met de kaneel en doe in het ovenschaaltje. Giet in een ander schaaltje de honing in een dun straaltje over de havermout en meng goed door. Verdeel de havermout met honing over de appel. Zet de crumble circa 20 minuten in de oven tot de appel zacht is en de havermout goudbruin.

VOOR 1
PERSOON

CRUMBLE

MET BOSVRUCHTEN EN PEER

- **XS** -
195 KCAL

INGREDIËNTEN

1 peer, in blokjes
30 g bosvruchten (diepvries)
1 tl honing
20 g havermout

BEREIDINGSWIJZE

Verwarm de oven voor op 200 °C. Leg een stukje bakpapier in een eenpersoonsovenschaaltje. Meng de peer met de bosvruchten en doe in het ovenschaaltje. Giet in een ander schaaltje de honing in een dun straaltje over de havermout en meng goed door. Verdeel de havermout met honing over het fruit. Zet circa 20 minuten in de oven tot de peer zacht is en de havermout goudbruin.

VOOR 1
PERSOON

CRUMBLE

MET KERSEN EN CACAO

- **XS** -
191 KCAL

INGREDIËNTEN

75 g kersen (diepvries)
½ el cacaopoeder
1 tl honing
30 g havermout

BEREIDINGSWIJZE

Verwarm de oven voor op 200 °C. Leg een stukje bakpapier in een eenpersoonsovenschaaltje. Meng de kersen met de cacao en doe in het ovenschaaltje. Giet in een ander schaaltje de honing in een dun straaltje over de havermout en meng goed door. Verdeel de havermout met honing over de kersen. Zet circa 20 minuten in de oven tot de kersen zacht zijn en de havermout goudbruin.

PLUSTIP - **S** - 250 KCAL
Vervang de cacao door 2 fijngehakte blokjes pure chocolade met noten.

VOOR 1
PERSOON

BOL

MET SPICY EIERSALADE, PAPRIKA EN RADIJS

- **XL** -
423 KCAL

INGREDIËNTEN
1 tl yoghurtmayonaise
1 el magere yoghurt
1 tl kerriepoeder
2 gekookte eieren, in blokjes
chilipoeder naar smaak
zout
peper
1 Italiaanse bol
2 radijsjes, in plakjes
¼ rode paprika, in reepjes

BEREIDINGSWIJZE
Roer de mayonaise, yoghurt en kerrie samen met de blokjes ei door elkaar. Breng op smaak met chilipoeder, zout en peper. Bestrijk de Italiaanse bol met de eiersalade en beleg met plakjes radijs en reepjes rode paprika.

SLANKTIP - **S** - 250 KCAL
Laat de Italiaanse bol weg en verdeel de eiersalade over 2 stuks knäckebröd.

VOOR 1
PERSOON

BESCHUIT

MET FRUIT EN MUNT

- **XS** -
198 KCAL

INGREDIËNTEN
2 volkoren beschuiten
50 g perzik, in plakjes
50 g peer, in plakjes
1 kiwi, in plakjes
1 handje blauwe bessen
4 blaadjes verse munt, in reepjes

BEREIDINGSWIJZE
Beleg de beschuiten met de plakjes fruit en strooi de blauwe bessen en munt erover.

PLUSTIP - **S** - 208 KCAL
Perzik niet in het seizoen? Neem 50 gram perzik uit blik.

SMOOTHIE MET AARDBEI EN BOSVRUCHTEN

VOOR 1 PERSOON - **XS** - 101 KCAL

INGREDIËNTEN

100 ml versgeperst sinaasappelsap
50 g bosvruchten (diepvries)
100 g aardbeien (diepvries)
150 ml water

BEREIDINGSWIJZE

Doe alle ingrediënten in de blender of beker van de staafmixer en pureer fijn tot een egale smoothie.

PLUSTIP - **M** - 258 KCAL

Voeg 1 banaan in plakjes toe aan de ingrediënten.

SMOOTHIE MET VERSGEPERST SINAASAPPELSAP, BLAUWE BES EN BANAAN

VOOR 1 PERSOON - **S** - 245 KCAL

INGREDIËNTEN

150 ml versgeperst sinaasappelsap
1 handje blauwe bessen
1 banaan, in plakjes
100 ml water

Deze smoothie drinken wij thuis het vaakst. Hij is namelijk ontzettend lekker en blauwe bessen uit de diepvries zijn betaalbaar en maken deze smoothie direct lekker koel. Bovendien heb je bij ons in de supermarkt een sapmachine waar vers sinaasappelsap uit komt. Dat scheelt 's ochtends tijd met persen. Snel, gezond en heel erg lekker dus!

BEREIDINGSWIJZE

Doe alle ingrediënten in de blender of beker van de staafmixer en pureer fijn tot een egale smoothie.

PLUSTIP - **L** - 302 KCAL

Vervang het water door 150 milliliter magere yoghurt.

SMOOTHIE MET BANAAN, PERZIK EN GRANEN

VOOR 1 PERSOON - **L** - 311 KCAL

INGREDIËNTEN

1 kleine banaan, in plakjes
1 perzik, in stukken
1 sinaasappel, in stukken
200 ml magere yoghurt
2 el Brinta (of 4-granen vlokken)

BEREIDINGSWIJZE

Doe het fruit samen met de yoghurt en Brinta in de blender of beker van de staafmixer. Pureer fijn tot een egale smoothie. Extra koude smoothie? Leg de plakjes banaan voor gebruik 1 uur in de vriezer.

GROENE SMOOTHIE

VOOR 1 PERSOON - **M** - 258 KCAL

INGREDIËNTEN

1 hand spinazie
1 hand boerenkool
1 banaan, in plakjes
½ appel, in blokjes
100 ml sinaasappelsap

BEREIDINGSWIJZE

Doe alle ingrediënten in de blender of beker van de staafmixer en pureer fijn tot een egale smoothie.

SMOOTHIE MET BANAAN, FRAMBOOS, GEMBER EN BASILICUM

VOOR 1 PERSOON - **XS** - 189 KCAL

INGREDIËNTEN

2 handen frambozen (diepvries)
1 banaan, in plakjes
1 cm verse gember, fijngehakt
1 handje vers basilicum
150 ml water

BEREIDINGSWIJZE

Laat de frambozen in 5 minuten een beetje zacht worden. Doe de frambozen, banaan, gember en het basilicum samen met het water in de blender of beker van de staafmixer. Pureer fijn tot een egale smoothie. Ook lekker zonder gember en basilicum.

LUNCH

Toen ik zelf aan het afvallen was, ben ik in plaats van brood meer crackers gaan eten. De reden daarvoor was vooral praktisch: ik houd meer van beleg dan van wat eronder zit. Met crackers had ik dan meer keuze. Ik beleg ze als kleine gebakjes. Eentje met avocado, de andere met hummus. Een rozemarijn-zeezoutcracker – mijn favoriet – met een plakje oude kaas. En steevast een volkoren variant met XL-hagelslag of wat chocopasta. Heerlijk!

Als ik een keertje wél voor brood kies, dan maak ik er bewust wat moois van. Zeker als het brood(je) lekker knapperig en vers is: met gegrilde groente en manchego of een lekkere clubsandwich met kalkoenfilet, ei en avocado. Van ouder brood maak ik een eenvoudige tosti. Lekker én slank.

Als ik op kantoor ben, lunch ik vaak met collega's. Meestal maken we dan een gezonde salade van bijvoorbeeld rucola met geitenkaas en vijgen of lekker zomers met jonge bladsla, feta, aardbeien en frambozen. Ik varieer dus volop!

Tover crackers om tot gebakjes door verschillende soorten beleg op elkaar te stapelen. Lekker! Ook crackers zelf zijn er in heel veel soorten en maten. Tip: kijk wel even op de ingrediëntenlijst op de verpakking in de supermarkt. Het aantal kcal verschilt erg per cracker.

KNÄCKEBRÖD MET PINDAKAAS, SAMBAL EN KOMKOMMER

VOOR 1 PERSOON - **XS** - 145 KCAL

INGREDIËNTEN

1 volkoren knäckebröd
15 g pindakaas
1 tl sambal
plakjes komkommer

BEREIDINGSWIJZE

Bestrijk het knäckebröd met de pindakaas en vervolgens met de sambal. Beleg met plakjes komkommer.

SPELTCRACKER MET ZALM EN DILLE

VOOR 1 PERSOON - **XS** - 142 KCAL

INGREDIËNTEN

20 g zalm op waterbasis (blik), uitgelekt
½ tl mierikswortel (potje)
1 el magere kwark
1 speltcracker
½ el kappertjes, fijngehakt
1 takje verse dille, fijngehakt

BEREIDINGSWIJZE

Meng de zalm met de mierikswortel en kwark en bestrijk hiermee de speltcracker. Bestrooi met de kappertjes en verse dille.

PLUSTIP - **XS** - 150 KCAL

Vervang de zalm uit blik door 20 gram gerookte zalm. Meng deze niet door de mierikswortel en kwark, maar leg op de bestreken speltcracker.

OUDERWETS LEKKERE CRACKER MET KAAS

VOOR 1 PERSOON - **XS** - 86 KCAL

INGREDIËNTEN

1 Wasa Delicate thin crisp
½ plak Old Amsterdam 35+

BEREIDINGSWIJZE

Beleg de cracker met de kaas.

KNÄCKEBRÖD MET KIPFILET, HÜTTENKÄSE EN PASSIEVRUCHT

VOOR 1 PERSOON - **XS** - 71 KCAL

INGREDIËNTEN

1 knäckebröd
1 el hüttenkäse
1 plakje kipfilet (vleeswaren)
½ passievrucht
1 handje rucola

BEREIDINGSWIJZE

Bestrijk het knäckebröd met de hüttenkäse en beleg met de kipfilet. Schep het vruchtvlees uit de passievrucht en verdeel dit over het knäckebröd. Garneer met de rucola.

PLUSTIP - **XS** - 136 KCAL

Ook erg lekker: vervang de hüttenkäse door ½ eetlepel aioli en laat de passievrucht weg.

CRACKER MET HUMMUS EN GEGRILDE GROENTE

VOOR 1 PERSOON - **XS** - 111 KCAL

INGREDIËNTEN

1 plak aubergine, 1 cm dik
1 plak courgette, 1 cm dik
1 reep paprika
1 cracker naar keuze
1 el hummus (zie blz. 64)

BEREIDINGSWIJZE

Verhit een grillpan tot loeiheet en gril de groente circa 2 minuten per zijde. Bestrijk de cracker met de hummus en beleg met de plakjes gegrilde groente.

PLUSTIP - **XS** - 182 KCAL

Bestrooi de cracker met 10 gram grof gehakte walnoten.

The easy way? Koop gegrilde groente uit het koelvak of een pot gegrilde paprika. Vervang in het laatste geval de groente door 3 repen gegrilde paprika.

Lunchtime! **Met een salade kun je echt alle kanten op. Experimenteer met verschillende ingrediënten en bedenk je eigen variaties. Wat is eten toch leuk én lekker, vind je niet?**

VOOR 1 PERSOON

SALADE
MET VIJGEN EN GEITENKAAS

- **S** -
309 KCAL

INGREDIËNTEN

½ zakje rucola
½ komkommer, in dunne plakjes
½ groene paprika, in blokjes
1 hand kalamataolijven zonder pit, gehalveerd
2 verse vijgen, in vieren
1 tl olijfolie
1 tl balsamicoazijn
20 g zachte geitenkaas
peper

BEREIDINGSWIJZE

Meng de rucola, komkommer, paprika en olijven en leg de vijgen erop. Besprenkel met olijfolie en balsamicoazijn, verkruimel de geitenkaas over de salade en breng op smaak met flink wat peper.

PLUSTIP - **M** - 408 KCAL
Neem 50 gram geitenkaas.

VOOR 1
PERSOON

SALADE
MET APPEL, ROQUEFORT EN WALNOTEN

- S -
392 KCAL

INGREDIËNTEN

½ zakje rucola
½ komkommer, in dunne plakjes
½ gele paprika, in blokjes
½ appel, in blokjes
1 handje walnoten, gebroken
20 g roquefort of een andere blauwaderkaas
1 tl olijfolie

BEREIDINGSWIJZE

Meng de rucola, komkommer, paprika en appel. Verdeel de walnoten en roquefort over de salade en besprenkel met de olijfolie.

PLUSTIP - **M** - 499 KCAL
Neem 50 gram roquefort.

VOOR 1
PERSOON

SALADE
MET SINAASAPPEL EN GEROOKTE MAKREEL

- S -
371 KCAL

INGREDIËNTEN

1 kropje little gem (sla) (100 g)
30 g kalamataolijven zonder pit
1 handsinaasappel, in partjes
50 g gerookte makreelfilet
1 tl olijfolie
peper
½ biologische citroen, rasp
chilivlokken naar smaak

Bij ons thuis is makreel een veel gegeten vis. Lekker smaakvol in de salade. En als er wat over is, mengen we het altijd met een beetje yoghurt, een theelepel mayonaise, een uitje, een scheutje brandy en een snufje zout en peper. Superlekker op brood of toast.

BEREIDINGSWIJZE

Haal de blaadjes los van de little gem en meng met de olijven, sinaasappel en makreel. Sprenkel de olijfolie over de salade en breng op smaak met peper. Strooi de citroenrasp over de salade en wat chilivlokken naar smaak.

VOOR 1 PERSOON

SALADE
MET VENKEL, APPEL EN MANDARIJN

- **XS** -
280 KCAL

INGREDIËNTEN

100 g venkel
50 g ijsbergsla
1 appel, in dunne plakjes
1 mandarijn, in partjes
1 el zonnebloempitten
1 el honingmosterddressing

BEREIDINGSWIJZE

Schaaf de venkel in flinterdunne plakken met een mandoline of kaasschaaf. Meng de venkel, ijsbergsla, appel en mandarijn. Rooster de zonnebloempitten in een droge antiaanbakpan op laag vuur tot ze knapperig zijn. Laat afkoelen op een bord. Sprenkel de dressing over de salade en bestrooi met de zonnebloempitten.

VOOR 1 PERSOON

SALADE
MET WITLOF, PEER, BESSEN EN PECORINO

- **XS** -
280 KCAL

INGREDIËNTEN

100 g witlof
25 g rucola
50 g rode of blauwe bessen
100 g peer, in plakjes
20 g pecorino romano
1 el olijfolie
½ tl mosterd
1 tl rodewijnazijn
peper

BEREIDINGSWIJZE

Haal de blaadjes witlof los en snijd in reepjes. Meng de witlof met de rucola, bessen en peer. Schaaf de pecorino in kleine, dunne plakjes. Maak een dressing van de olijfolie, mosterd en rodewijnazijn. Breng op smaak met peper. Druppel de dressing over de salade en bestrooi met de pecorino.

PLUSTIP - **M** - 434 KCAL

Voeg 1 handje gehakte cashewnoten toe.

VOOR 1 PERSOON

SALADE

MET AARDBEIEN, FRAMBOZEN EN GEROOSTERDE AMANDELEN

- **XS** -
280 KCAL

INGREDIËNTEN

3 el geschaafde amandelen (10 g)
1 zakje jonge bladsla
75 g aardbeien, in plakjes
75 g frambozen
50 g witte kaasblokjes 10% vet
1 tl balsamicoazijn
½ el olijfolie

BEREIDINGSWIJZE

Rooster de amandelen goudbruin in een droge koekenpan op laag vuur. Laat afkoelen op een bord. Meng de sla, aardbeien, frambozen en kaas. Sprenkel de balsamicoazijn en olijfolie over de salade en bestrooi met de geroosterde amandelen.

PLUSTIP - **S** - 318 KCAL

Vervang de witte kaas door 50 gram Griekse feta.

Stop met eten
als je
voldaan bent.

VOOR 1 PERSOON

SALADE

MET GEROOKTE KIP EN CRUNCHY PECANNOTEN

- S -
391 KCAL

INGREDIËNTEN

1 handje pecannoten
½ zakje veldsla
50 g gerookte kip, in blokjes
¼ avocado, in plakjes
1 el honingmosterddressing

BEREIDINGSWIJZE

Rooster de pecannoten kort in een droge koekenpan tot ze knapperig zijn. Laat afkoelen op een bord. Meng de sla, gerookte kip en avocado en besprenkel de salade met de dressing. Breek de pecannoten in stukjes en strooi over de salade.

SLANKTIP - **XS** - 236 KCAL

Vervang de pecannoten door 1 tomaat in plakjes.

VOOR 17 PORTIES

HUMMUS

- **XS** -
20 KCAL

INGREDIËNTEN

200 g kikkererwten, gekookt (blik), uitgelekt
7 el water
½ teentje knoflook, fijngeperst
3 tl komijnzaad
1,5 el citroensap
1 tl sesamolie
3 el Turkse yoghurt 3% vet
zout
peper

BEREIDINGSWIJZE

Bak de kikkererwten met 3 eetlepels water 5 minuten in een antiaanbakpan op hoog vuur. Voeg knoflook en 1 theelepel komijn toe en bak nog 1 minuut op laag vuur. Roer goed en pas op voor aanbranden. Laat iets afkoelen op een bord, maar zorg dat de kikkererwten nog warm zijn. Pureer de kikkererwten met het citroensap, de sesamolie, yoghurt en het resterende water in de blender of met de staafmixer en breng op smaak met zout en peper. Bestrooi met de resterende komijn en serveer lauwwarm of koud. De hummus is 2 tot 3 dagen houdbaar in een afgesloten bakje in de koelkast.

LEKKER MET - **XS** - 120 KCAL
40 gram warm Turks brood.

PLUSTIP - **XS** - 35 KCAL
Vervang de yoghurt door 3 eetlepels olijfolie.

VOOR 4 PORTIES

BABA GANOUSH

- **XS** -
26 KCAL

INGREDIËNTEN

1 aubergine
¼ teentje knoflook, fijngeperst
1 tl sesamolie
2 tl citroensap
zout
peper

BEREIDINGSWIJZE

Leg de aubergine circa 25 minuten op een bakplaat onder de hete grill tot deze helemaal zacht en gaar is. De schil mag zwart worden. Laat iets afkoelen. Snijd de aubergine open en schep het vruchtvlees eruit. Doe de schil weg en pureer het vruchtvlees kort met de knoflook, sesamolie en het citroensap in de blender of met de staafmixer. Breng op smaak met zout en peper.

LEKKER MET - **S** - 325 KCAL
4 stuks sesam knäckebröd met 4 porties baba ganoush.

LEKKER MET - **XS** - 269 KCAL
2 sneden geroosterd speltbrood.

VOOR 6 PORTIES

MUHAMMARA

- XS -
34 KCAL

INGREDIËNTEN
100 g gegrilde rode paprika (pot)
½ teentje knoflook, fijngeperst
1 handje walnoten
½ tl appelstroop
1 tl citroensap
snuf komijnpoeder

BEREIDINGSWIJZE
Pureer alle ingrediënten in de blender of beker van de staafmixer.

VOOR 5 PORTIES

SPICY TOMATENTAPENADE

- XS -
67 KCAL

INGREDIËNTEN
100 g zongedroogde tomaten, uitgeknepen
½ teentje knoflook, fijngeperst
2 cm rode peper
3 el water

BEREIDINGSWIJZE
Pureer alle ingrediënten in de blender of beker van de staafmixer.

VOOR 1 PERSOON

PANINO MET MANCHEGO

EN GEGRILDE GROENTE

- L -
525 KCAL

INGREDIËNTEN

1 panino (om af te bakken)
20 g manchego (Spaanse kaas), in plakken
5 plakken gegrilde groente (zie blz. 53)

BEREIDINGSWIJZE

Verwarm de oven voor volgens de aanwijzingen op de verpakking van de panino. Snijd de panino open en beleg met de manchego en gegrilde groente. Bak de panino af in de oven volgens de aanwijzingen op de verpakking.

Last van eetdrang of honger? Trek een denkbeeldige lijn onder je hoofd. Waar zit de trek? In je maag? Of in je hoofd? Onthoud: maaghonger stil je. Bedenk of je nog even kan wachten tot de maaltijd en maak een keuze. Heb je hoofdhonger? Eten helpt nooit. Ga op zoek naar de oorzaak achter je eetdrang of accepteer het gevoel en ga wat anders doen. Eetdrang ebt vanzelf weer weg!

VOOR 1 PERSOON

TOSTI
MET GEITENKAAS, HAM EN OLIJVEN

- **XS** -
224 KCAL

INGREDIËNTEN

2 sneden brood naar keuze
15 g zachte geitenkaas
3 groene olijven, in ringetjes
1 plakje rauwe ham

BEREIDINGSWIJZE

Bestrijk het brood met de geitenkaas, strooi de olijven erover en dek af met het plakje ham. Leg de boterhammen op elkaar. Bak de tosti in een antiaanbakpan of tosti-ijzer.

PLUSTIP - **XS** - 261 KCAL

Bestrijk voor het bakken het brood aan beide zijden licht met roomboter.

VOOR 1 PERSOON

EASY LUNCHPIZZA

- **S** -
358 KCAL

INGREDIËNTEN

1 el tomatenpuree
1 el rode pesto
1 grote volkorenpita
¼ rode paprika, in reepjes
¼ gele paprika, in reepjes
20 g witte kaasblokjes 10% vet

BEREIDINGSWIJZE

Meng de tomatenpuree met de pesto en bestrijk hiermee de pita. Beleg met de reepjes paprika en verkruimel de kaas erover. Bak de lunchpizza af in de oven volgens de aanwijzingen op de verpakking.

PIZZA OP JE WERK?

Snijd de pita open en bestrijk de binnenkant met het pestomengsel. Vul met de paprika en kaas en verwarm de pita in een tosti-ijzer, contactgrill of op het rekje van de broodrooster.

PLUSTIP - **S** - 374 KCAL

Vervang de witte kaas door 20 gram Griekse feta.

VOOR 1 PERSOON

XS-TOSTI

MET OUDE KAAS

- XS -
231 KCAL

INGREDIËNTEN

2 sneden brood naar keuze
20 g Old Amsterdam 35+

BEREIDINGSWIJZE

Beleg één snee brood met de kaas en dek af met de andere snee brood. Bak de tosti in een koekenpan of tosti-ijzer.

PLUSTIP - XS - 268 KCAL

Bestrijk de tosti voor het bakken licht met roomboter.

ROEST
VRIJ

Nu mijn oudste dochter naar de middelbare school gaat, concurreert haar lunchtrommel met de aantrekkelijke broodjes in de kantine. Dus proberen we er samen wat lekkers van te maken. Deze wraps zijn makkelijk te bereiden én handig mee te nemen. Altijd een succes!

VOOR 1 PERSOON

WRAP MET ZALM EN RUCOLA

- **XS** -
176 KCAL

INGREDIËNTEN

1 tortilla volkoren (40 g)
1 el zuivelspread light met kruiden
1 plakje gerookte zalm (20 g)
1 handje rucola

BEREIDINGSWIJZE

Bestrijk de tortilla met de zuivelspread en beleg met de zalm en rucola. Rol de wrap strak op en snijd in rolletjes.

PLUSTIP - XS - 201 KCAL

Vervang de zuivelspread door 1 eetlepel kruidenroomkaas.

VOOR 1 PERSOON

WRAP MET GEROOKTE KIP EN MANGO

- **XS** -
279 KCAL

INGREDIËNTEN

1 el volle Griekse yoghurt
½ el limoensap
1 tortilla volkoren (40 g)
1 plakje gerookte kip
¼ avocado, in plakjes
25 g mango, in kleine blokjes
1 handje veldsla

BEREIDINGSWIJZE

Meng de yoghurt met het limoensap en bestrijk de tortilla hiermee. Beleg met de kip, avocado, mango en sla. Rol de wrap strak op en snijd in rolletjes.

Als je af wilt vallen, is meer soep eten een gouden tip. Soep is gezond, makkelijk te maken en goed te bewaren (ook in de vriezer). Bovendien is onderzocht dat soepen heel goed vullen. Dat volle gevoel krijg je zonder dat je veel kcal binnenkrijgt. Soep is over het algemeen – als je er geen room aan toevoegt – een magere, slimme en lekkere keuze!

THAISE BOUILLON MET KIP

VOOR 1 PERSOON
XS - 240 KCAL

INGREDIËNTEN

500 ml groentebouillon
½ stengel citroengras, gekneusd
2 cm verse gember, fijngehakt
1 teentje knoflook, in plakjes
1 el Japanse sojasaus
50 g kipfilet, in dunne plakjes
100 g sugarsnaps
100 g spitskool, gesneden
1 bosuitje, in ringetjes

BEREIDINGSWIJZE

Doe de bouillon met het citroengras, de gember, knoflook, sojasaus en kipfilet in een kookpan en breng aan de kook. Zet het vuur laag en laat zachtjes koken tot de kipfilet gaar is. Voeg de sugarsnaps toe, kook 4 minuten en voeg de spitskool en bosui toe. Verwarm nog even kort door, maar zorg dat de spitskool en ui knapperig blijven.

COURGETTESOEP MET TIJM

VOOR 1 PERSOON
XS - 209 KCAL

INGREDIËNTEN

½ tl olijfolie
350 g courgette, in blokjes
50 g ui, gesnipperd
5 takjes verse tijm, alleen de blaadjes
300 ml groentebouillon
1 tl citroensap
peper
zout
25 g gerookte zalm, in snippers

BEREIDINGSWIJZE

Verwarm de olijfolie in een kookpan en bak de courgette en ui 5 minuten op laag vuur. Voeg de tijm en bouillon toe en laat 10 minuten pruttelen met het deksel op de pan. Voeg het citroensap toe, breng op smaak met flink wat peper. Pureer fijn in de blender of met de staafmixer. Proef of er eventueel nog wat zout bij moet. Roer de zalmsnippers door de soep.

LEKKER MET - **XS** - 299 KCAL

1 snee oerbrood van 35 gram.

PLUSTIP - **XS** - 275 KCAL

Voeg 2 el demi-crème fraîche toe.

KRUIDIGE TOMATENSOEP

VOOR 1 PERSOON
XS - 159 KCAL

INGREDIËNTEN

½ tl olijfolie
1 kleine ui, gesnipperd
1 teentje knoflook, fijngeperst
3 tomaten, in blokjes
1 tl komijnpoeder
½ tl chilipoeder
1 laurierblaadje
300 ml groentebouillon
1 handje kleine smaaktomaten, gehalveerd
peper

BEREIDINGSWIJZE

Verwarm de olijfolie in een kookpan, voeg de ui, knoflook en tomaat toe en bak 5 minuten op laag vuur tot de ui zacht is. Voeg het komijnpoeder, chilipoeder en het laurierblaadje toe en roer door. Voeg vervolgens de bouillon toe en zet het vuur hoger. Voeg de gehalveerde tomaatjes toe en laat 5 minuten pruttelen tot ze zacht zijn. Breng op smaak met peper.

GAZPACHO

VOOR 1 PERSOON
XS - 91 KCAL

INGREDIËNTEN
3 tomaten, in blokjes
50 g gegrilde paprika (pot), in stukjes
¼ komkommer, in blokjes
½ teentje knoflook, fijngeperst
snuf komijnpoeder
¼ tl chilipoeder
10 ml (sherry)azijn
150 ml water
peper
zout

BEREIDINGSWIJZE
Doe alle ingrediënten in de blender of beker van de staafmixer Pureer fijn tot een egale soep, voeg eventueel nog wat extra water toe. Breng op smaak met zout en peper. Zet de soep in de koelkast en laat ijskoud worden.

PLUSTIP - **XS** - 136 KCAL
Voeg 1 theelepel olijfolie toe.

GROENTESOEP

VOOR 1 PERSOON
XS - 132 KCAL

INGREDIËNTEN
½ tl plantaardige olie
1 kleine ui, gesnipperd
1 teentje knoflook, fijngeperst
200 gram gemengde (soep groente naar keuze
500 ml groentebouillon
1 handje selderij, fijngesneden
peper

BEREIDINGSWIJZE
Verwarm de olie in een kookpan op laag vuur, voeg ui en knoflook toe en fruit tot de ui glazig ziet. Voeg de soepgroente en bouillon toe en zet het vuur hoger. Kook de soep tot de groente gaar is. Voeg de selderij toe en breng op smaak met peper.

POMPOENSOEP
MET SINAASAPPEL EN GEMBER

VOOR 1 PERSOON
XS - 134 KCAL

INGREDIËNTEN
½ tl plantaardige olie
1 kleine ui, gesnipperd
1 teentje knoflook, fijngeperst
2 cm verse gember, fijngehakt
200 g pompoen, in blokjes
200 ml groentebouillon
100 ml sinaasappelsap
peper
½ biologische sinaasappel, rasp

BEREIDINGSWIJZE
Verwarm de olie in een kookpan op laag vuur. Voeg ui, knoflook en gember toe en bak tot de ui glazig ziet. Voeg de pompoen, bouillon en het sinaasappelsap toe en breng op smaak met peper. Zet het vuur hoger en kook 15 minuten. Voeg sinaasappelrasp toe en pureer de soep fijn in de blender of met de staafmixer.

VOOR 1
PERSOON

CLUBSANDWICH

MET KALKOEN, EI EN AVOCADO

- S -
374 KCAL

INGREDIËNTEN

2 sneden volkorenbrood, geroosterd
1 el Griekse yoghurt 0%
1 handje ijsbergsla, in reepjes
4 plakjes tomaat
2 plakjes kalkoenfilet
1 gekookt ei, in plakjes
¼ avocado, in plakjes

BEREIDINGSWIJZE

Bestrijk beide sneden brood aan één zijde met een deel van de yoghurt. Beleg één snee brood met de sla, tomaat en kalkoenfilet. Leg de andere snee met de bestreken kant naar beneden erop en snijd de sandwich diagonaal door. Bestrijk de bovenkant van de ene helft brood met wat yoghurt en beleg het met ei en avocado. Draai de andere helft brood voorzichtig om, bestrijk met de resterende yoghurt, draai weer om en leg op de andere helft. Steek een satéprikker door de sandwich.

PLUSTIP - M - 434 KCAL

Vervang de kalkoenfilet door 2 plakjes bacon en de yoghurt door 1 eetlepel yoghurtmayonaise. Bak de plakjes bacon in een droge koekenpan op halfhoog vuur en laat uitlekken op keukenpapier.

Ik bestel regelmatig een clubsandwich als ik in een restaurant lunch. Waarom je er dan altijd chips bij krijgt, is me een raadsel. Die laat ik meestal liggen (van en/en naar of/of). Het is ook niet nodig, want een goede clubsandwich is lekker genoeg. En eerlijk is eerlijk, deze clubsandwich die wij thuis maken vind ik het allerlekkerst!

VOOR 1
PERSOON

CLUBSANDWICH

MET ZALM EN RUCOLA

- S -
338 KCAL

INGREDIËNTEN

2 sneden bruinbrood, geroosterd
1 el zuivelspread light met kruiden
1 handje rucola
2 plakjes gerookte zalm (40 g)
1 gekookt ei, in plakjes
2 augurken, in plakjes

BEREIDINGSWIJZE

Bestrijk beide sneden brood aan één zijde met een deel van de zuivelspread. Beleg één snee brood met rucola en zalm. Leg de andere snee met de bestreken kant naar beneden erop en snijd de sandwich diagonaal door. Bestrijk de bovenkant van de ene helft brood met wat zuivelspread en beleg het met ei en augurk. Draai de andere helft brood voorzichtig om, bestrijk met de resterende zuivelspread, draai weer om en leg op de andere helft. Steek een satéprikker door de sandwich.

PLUSTIP - **S** - 375 KCAL
Neem 60 gram gerookte zalm.

VOOR 1
PERSOON

RIJSTROLLETJES
MET GARNALEN

- **S** -
362 KCAL

INGREDIËNTEN

3 rijstvellen
1 hand gekookte garnalen
1 hand wortel, geraspt
1 hand verse taugé
1 hand vers basilicum, gescheurd
6 blaadjes verse munt, in dunne reepjes
½ handje verse koriander, in dunne reepjes
2 el Japanse sojasaus

BEREIDINGSWIJZE

Week de rijstvellen in warm water tot ze zacht zijn. Laat uitlekken en leg op een bord. Verdeel de garnalen, wortel, taugé en verse kruiden over de rijstvellen. Laat rondom wat ruimte vrij. Druppel 1 eetlepel sojasaus over de vulling, vouw de uiteinden van de rijstvellen naar binnen en maak er rolletjes van. Serveer de rijstrolletjes met de resterende sojasaus.

PLUSTIP - **S** - 395 KCAL

Strooi 1 eetlepel geraspte kokos over de vulling.

VARIATIETIP - **S** - 361 KCAL

Vervang de garnalen door 25 gram gerookte zalm in plakjes.

Vroeger aten wij thuis nooit sushi. Volgens mij was er niet eens een sushirestaurant in Kampen, waar ik vandaan kom. Nee, dan mijn Amsterdamse kinderen. Als ik vraag of we wat zullen afhalen, dan schreeuwen ze om het hardst: 'Ja lekker, sushi graag!' En ook voor mij is sushi met stip mijn favoriete afhaalgerecht. En nog een van de slankste ook, maar dat is toeval. Het is alleen niet de goedkoopste maaltijd. Daarom zijn wij allemaal blij met dit alternatief: rijstrolletjes kun je namelijk goed zelf maken. Lekker!

VOOR 1
PERSOON

RIJSTROLLETJES

MET EDAMAME

- M -
447 KCAL

INGREDIËNTEN

3 rijstvellen
1 hand edamame (verse sojabonen), gekookt
1 hand sugarsnaps, beetgaar
1 hand verse taugé
1 hand vers basilicum, gescheurd
6 blaadjes verse munt, in dunne reepjes
2 el Japanse sojasaus

BEREIDINGSWIJZE

Week de rijstvellen in warm water tot ze zacht zijn. Laat uitlekken en leg op een bord. Verdeel de edamame, sugarsnaps, taugé en verse kruiden over de rijstvellen. Laat rondom wat ruimte vrij. Druppel 1 eetlepel sojasaus over de vulling, vouw de uiteinden van de rijstvellen naar binnen en maak er rolletjes van. Serveer de rijstrolletjes met de resterende sojasaus.

PLUSTIP - XL - 699 KCAL
Voeg 2 eetlepels gehakte pinda's toe aan de vulling.

VOOR 1 PERSOON

SLAROLLETJES

MET TOMAAT, EI EN GEROOKTE KIP

- S -

310 KCAL

INGREDIËNTEN

1 el magere yoghurt
½ tl kerriepoeder
2 tomaten, in blokjes
2 eieren, gekookt, in blokjes
20 g gerookte kip, in blokjes
zout
peper
3 grote bladeren ijsbergsla
1 el zonnebloempitten
paar sprieten verse bieslook, fijngehakt

BEREIDINGSWIJZE

Meng in een kom de yoghurt met het kerriepoeder. Roer de tomaat, eieren en gerookte kip erdoor en breng op smaak met zout en peper. Leg de ijsbergsla op een bord en verdeel de salade erover. Laat rondom wat ruimte vrij. Bestrooi de salade met de zonnebloempitten en verse bieslook. Rol de slabladeren op.

VOOR 1 PERSOON

LITTLE GEM

MET GEITENKAAS, RODE PUNTPAPRIKA EN POMPOENPITTEN

- S -

334 KCAL

INGREDIËNTEN

¼ komkommer, in blokjes
¼ appel, in blokjes
½ rode puntpaprika, in blokjes
50 g bruine linzen (blik), afgespoeld en uitgelekt
2 tl (sherry)azijn
½ tl olijfolie
½ tl mosterd
snufje komijnzaad
peper
4 blaadjes little gem (sla)
30 g zachte geitenkaas, verkruimeld
1 el pompoenpitten
1 handje kiemen naar keuze

BEREIDINGSWIJZE

Meng de komkommer, appel, paprika, linzen, azijn, olijfolie, mosterd en komijnzaad in een kom en breng op smaak met peper. Leg de blaadjes little gem op een bord en verdeel de salade over de blaadjes. Bestrooi met de geitenkaas, pompoenpitten en kiemen.

VOOR 1 PERSOON

AZIATISCHE WOK
MET GROENTE

- XS -
221 KCAL

INGREDIËNTEN

1 tl plantaardige olie
1 teentje knoflook, fijngehakt
2 cm verse gember, fijngehakt
300 g Aziatische wokgroente
2 el Japanse sojasaus
1 el limoensap
2 handen verse taugé

BEREIDINGSWIJZE

Verwarm de olie in een antiaanbakpan. Voeg knoflook en gember toe en bak 1 minuut op laag vuur. Voeg de groente toe en roerbak tot deze beetgaar is. Voeg de sojasaus en het limoensap toe en roer goed door. Bestrooi met taugé.

VOOR 1 PERSOON

WOK
MET SUGARSNAPS, BIMI EN ZALM

- S -
378 KCAL

INGREDIËNTEN

½ el sesamzaad
2 tl plantaardige olie
50 g zalmfilet, in blokjes
1 teentje knoflook, fijngehakt
2 cm verse gember, fijngehakt
100 g bimi of broccoli
2 el water
200 g sugarsnaps
1 bosui, in ringen
1 el Japanse sojasaus

BEREIDINGSWIJZE

Rooster het sesamzaad in een droge antiaanbakpan goudbruin. Schep het eruit. Verwarm 1 theelepel olie in de antiaanbakpan en bak de zalm 4 minuten op hoog vuur. Schep de zalm uit de pan en houd apart. Verwarm de resterende olie, voeg knoflook en gember toe en bak 1 minuut op laag vuur. Zet het vuur halfhoog, voeg de bimi en het water toe en bak in circa 4 minuten beetgaar. Voeg halverwege de sugarsnaps toe. Voeg de bosui, sojasaus en zalm toe en warm nog even goed door. Bestrooi met sesamzaad.

PLUSTIP - **M** - 441 KCAL
Neem 1 eetlepel sesamzaad.

VOOR 2
PERSONEN

FILODEEG

MET RODE BIETJES, RICOTTA EN SINAASAPPEL

- **XS** -
221 KCAL

INGREDIËNTEN

2 vellen filodeeg (30 g)
500 g rode bietjes, gekookt, in kleine blokjes
130 g sjalotten, gesnipperd
½ tl plantaardige olie
2 el sinaasappelsap
1 el balsamicoazijn
4 el ricotta
peper
½ biologische sinaasappel, rasp
kaneel

BEREIDINGSWIJZE

Verwarm de oven voor op 200 °C. Bekleed twee eenpersoonsovenschaaltjes met bakpapier en bekleed elk schaaltje een vel filodeeg zodat het een bakje vormt. Bak het filodeeg krokant in circa 10 minuten en laat afkoelen buiten de oven. Zet de oven op 220 °C. Meng de bietjes, sjalot, olie, het sinaasappelsap en de balsamicoazijn in een ovenschaal en zet 20 minuten in de oven. Roer het mengsel halverwege de baktijd goed door. Zet de filodeegbakjes elk op een eigen bord en vul ze voorzichtig met het bietenmengsel. Garneer met de ricotta en breng op smaak met peper. Bestrooi met sinaasappelrasp en bestuif met een klein beetje kaneel. Je kunt de afgekoelde filodeegbakjes 1 dag in een luchtdichte bak bewaren. Bewaar de vulling apart.

VOOR 2
PERSONEN

FILODEEG

MET ZALM, PREI EN EEN GEBAKKEN EI

- XS -
261 KCAL

INGREDIËNTEN

2 vellen filodeeg (30 g)
1 tl plantaardige olie
100 g prei, fijngesneden
400 g courgette, geraspt
2 eieren
40 g zalm op waterbasis (blik), uitgelekt
30 g zuivelspread light met kruiden
zout
peper
1 takje verse dille, fijngehakt

BEREIDINGSWIJZE

Verwarm de oven voor op 200 °C. Bak twee filodeegbakjes volgens de aanwijzingen in het recept voor filodeeg met rode bietjes, ricotta en sinaasappel (zie blz. 89). Verwarm ½ tl olie in een antiaanbakpan op hoog vuur en verdeel de olie met een kwastje. Bak de prei en courgette tot ze zacht zijn en houd warm door een deksel op de pan te doen of af te dekken met aluminiumfolie. Verwarm de resterende olie op dezelfde wijze en bak één voor één de eieren. Houd de dooier heel. Meng de zalm en zuivelspread door de groente en breng op smaak met zout en peper. Zet de filodeegbakjes elk op een eigen bord en vul ze voorzichtig met het mengsel. Leg het gebakken eitje bovenop, breng op smaak met zout en peper en bestrooi met dille. Je kunt de afgekoelde filodeegbakjes in een luchtdichte bak bewaren. Bewaar de vulling apart.

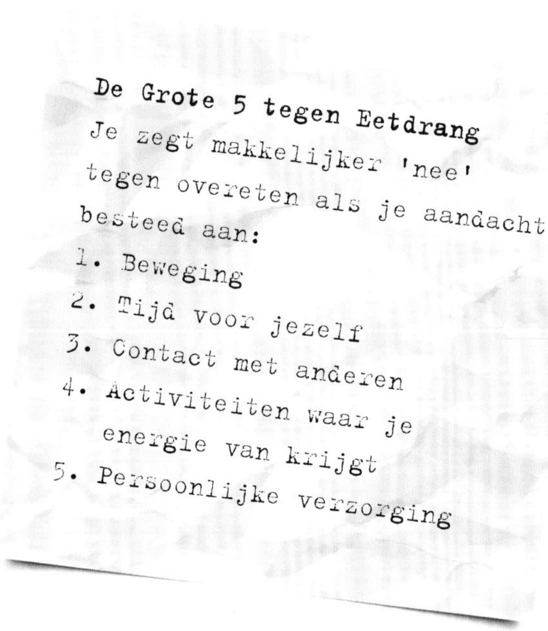
De Grote 5 tegen Eetdrang
Je zegt makkelijker 'nee' tegen overeten als je aandacht besteed aan:
1. Beweging
2. Tijd voor jezelf
3. Contact met anderen
4. Activiteiten waar je energie van krijgt
5. Persoonlijke verzorging

VOOR 2 PERSONEN

FILODEEG

MET COURGETTE EN WITTE KAAS

- XS -
288 KCAL

INGREDIËNTEN

2 vellen filodeeg (30 g)
800 g courgettes, geraspt
40 g witte kaasblokjes 10% vet, verkruimeld
2 eieren, geklutst
2 tl oregano
zout
peper
1 tl plantaardige olie
2 teentje knoflook, fijngeperst

BEREIDINGSWIJZE

Verwarm de oven voor op 200 °C. Bak twee filodeegbakjes volgens de aanwijzingen in het recept voor filodeeg met rode bietjes, ricotta en sinaasappel (zie blz. 89). Meng ondertussen de courgette met de helft van de kaas, de eieren en oregano. Breng op smaak met zout en peper. Verwarm de olie in een antiaanbakpan op hoog vuur en verdeel de olie met een kwastje. Bak het courgettemengsel gaar en knapperig terwijl je steeds blijft roeren. Zet de filodeegbakjes elk op een eigen bord en vul ze voorzichtig met het mengsel. Bestrooi met de resterende kaas. Je kunt de afgekoelde filodeegbakjes in een luchtdichte bak bewaren. Bewaar de vulling apart.

Als je tijdens het afvallen vaak trek hebt, is meer eieren eten een goede tip. Het vult enorm. En dat maakt dat je minder last hebt van snaaidrang... Lekker slim!

OMELET
MET GEGRILDE PAPRIKA, AUBERGINE EN OLIJVEN

VOOR 1 PERSOON
- **S** - 305 KCAL

INGREDIËNTEN

1 rode paprika, in brede repen
100 g aubergine, in plakken van 1 cm
2 eieren, geklutst
1 teentje knoflook, fijngeperst
1 handje groene olijven zonder pit, gehalveerd
1 tomaat, in blokjes
zout
peper
1 tl plantaardige olie

BEREIDINGSWIJZE

Verhit een grillpan en gril de paprika en aubergine ongeveer 2 minuten per zijde. Laat de groente iets afkoelen en snijd in stukjes. Meng de eieren met de knoflook, olijven, tomaat, paprika en aubergine. Breng op smaak met zout en peper. Verwarm de olie in een antiaanbakpan op hoog vuur. Giet het eimengsel in de pan en bak tot de randen gaar zijn. Draai het vuur laag. Draai als de onderkant goudbruin is de omelet om en bak ook de andere zijde goudbruin en gaar.

OMELET
MET COURGETTE, OREGANO EN KIP

VOOR 1 PERSOON
- **XS** - 296 KCAL

INGREDIËNTEN

100 g courgette, in plakken van 1 cm
1 tl plantaardige olie
50 g kipfilet, in blokjes
1 teentje knoflook, fijngeperst
2 eieren, geklutst
1 el oregano
zout
peper

BEREIDINGSWIJZE

Verhit een grillpan en gril de courgette ongeveer 2 minuten per zijde. Laat de courgette iets afkoelen en snijd in stukjes. Verwarm de olie in een antiaanbakpan op hoog vuur en bak de kipfilet rondom bruin. Bak gaar op laag vuur. Voeg de courgette en knoflook toe en bak 1 minuut zachtjes op laag vuur. Meng ondertussen de eieren met de oregano en breng op smaak met zout en peper. Giet het eimengsel over de kip en courgette en bak op hoog vuur tot de randen van de omelet gaar zijn. Draai het vuur laag. Draai als de onderkant goudbruin is de omelet om en bak ook de andere zijde goudbruin en gaar.

OMELET
MET SPINAZIE, WITTE KAAS EN DILLE

VOOR 1 PERSOON
- **XS** - 247 KCAL

INGREDIËNTEN

2 eieren, geklutst
200 g diepvriesspinazie, gekookt en uitgelekt
1 hand verse dille, fijngesneden
20 g witte kaasblokjes 10% vet
zout
peper
1 tl plantaardige olie

BEREIDINGSWIJZE

Meng de eieren met de spinazie, dille en kaas en breng op smaak met zout en peper. Verwarm de olie in een antiaanbakpan op hoog vuur. Giet het eimengsel in de koekenpan en bak tot de randen van de omelet gaar zijn. Draai het vuur laag. Draai als de onderkant goudbruin is de omelet om en bak ook de andere zijde goudbruin en gaar.

PLUSTIP - **S** - 334 KCAL
Vervang de witte kaas door 50 gram verkruimelde Griekse feta.

OMELET
MET MAÏS, RODE PEPER EN ZWARTE BONEN

VOOR 1 PERSOON
- **S** - 318 KCAL

INGREDIËNTEN
2 eieren, geklutst
1 hand maïskorrels
¼ rode peper, fijngehakt
100 g zwarte bonen (blik), uitgelekt
1 el komijnpoeder
1 hand verse koriander, grof gehakt
zout
peper
1 tl plantaardige olie

BEREIDINGSWIJZE
Meng de eieren met de maïs, rode peper, bonen, het komijnpoeder en de koriander. Breng op smaak met zout en peper. Verwarm de olie in een antiaanbakpan op hoog vuur. Giet het eimengsel in de koekenpan en bak tot de randen van de omelet gaar zijn. Draai het vuur laag. Draai als de onderkant goudbruin is de omelet om en bak ook de andere zijde goudbruin en gaar.

OMELET
MET ZALM, DOPERWTEN EN MUNT

VOOR 1 PERSOON
- **S** - 316 KCAL

INGREDIËNTEN
1 tl plantaardige olie
1 kleine ui, gesnipperd
100 g doperwten (diepvries)
2 eieren, geklutst
20 g zalm op waterbasis (blik), uitgelekt
3 blaadjes verse munt, in fijne reepjes
peper
zout

BEREIDINGSWIJZE
Verwarm de olie in een antiaanbakpan op laag vuur. Bak de ui en doperwten tot de doperwten gaar zijn. Meng de eieren met de zalm en munt en breng op smaak met zout en peper. Giet het eimengsel in de koekenpan en bak tot de randen van de omelet gaar zijn. Draai het vuur laag. Draai als de onderkant goudbruin is de omelet om en bak ook de andere zijde goudbruin en gaar.

VOOR 1
PERSOON

PASTASALADE

MET TOMAAT, ARTISJOK EN TONIJN

- M -
474 KCAL

INGREDIËNTEN

50 g pastaschelpjes
3 tomaten, in blokjes
½ blikje artisjokharten, in blokjes
20 g tonijn op waterbasis (blik), uitgelekt
50 g kalamataolijven zonder pit, gehalveerd
1 el kappertjes
1 tl citroensap
½ biologische citroen, rasp
peper
zout
1 hand rucola

BEREIDINGSWIJZE

Kook de pasta volgens de aanwijzingen op de verpakking. Doe de tomaten in de blender of beker van de staafmixer en pureer fijn tot een saus. Meng de tomatensaus in een kom met de artisjok, tonijn, olijven, kappertjes, het citroensap en de citroenrasp. Breng op smaak met flink peper en wat zout. Meng de pasta met de tomatensaus. Laat uitlekken in een vergiet. Serveer met rucola.

Heb je nog wat saus over? Je kunt de saus ook bewaren en koud serveren. Maak je de saus van tevoren, maar wil je hem toch licht opwarmen? Houd dan de citroenrasp apart en voeg die pas na het opwarmen toe.

VOOR 1
PERSOON

AARDAPPELSALADE

KLASSIEK

- XS -
300 KCAL

INGREDIËNTEN

200 g vastkokende aardappelen, gekookt en in stukken
1 handje verse dille, fijngesneden
1 tl grof gemalen, pittige mosterd
2 el zilveruitjes, gehalveerd
2 augurken, in blokjes
3 el volle Griekse yoghurt
1 el yoghurtmayonaise
peper
zout
2 handen rucola

BEREIDINGSWIJZE

Meng de aardappelen met de dille, mosterd, zilveruitjes, augurken, yoghurt en yoghurtmayonaise. Breng op smaak met flink wat peper en eventueel wat zout.
Strooi de rucola over de salade.

VARIATIETIP

Als avondeten? Serveer met een moot gegrilde zalm (m -540 kcal), een braadworst (m - 521 kcal) of een ciabattabroodje (s - 428 kcal). Maak het recept voor 4 personen door de ingrediënten te verviervoudigen.

Maaltijdsalades als lunch (of als diner in een iets grotere portie) heb ik ontdekt toen ik wilde afvallen en toch met regelmaat uit eten ging. Dan was een maaltijdsalade voor mij een goede optie. Inmiddels zijn ze niet meer weg te denken uit mijn repertoire. Gezond, lekker en licht.

VOOR 1 PERSOON

AARDAPPELSALADE

MET ZALM

- S -
395 KCAL

INGREDIËNTEN

200 g vastkokende aardappelen, gekookt en in stukken
1 handje verse dille, fijngesneden
1 tl grof gemalen, pittige mosterd
2 el kappertjes
25 g groene olijven zonder pit (waterbasis), gehalveerd
3 el volle Griekse yoghurt
1 el yoghurtmayonaise
peper
zout
2 handen rucola
30 g gerookte zalm, in snippers

BEREIDINGSWIJZE

Meng de aardappelen met de dille, mosterd, kappertjes, olijven, yoghurt en yoghurtmayonaise. Breng op smaak met flink wat peper en eventueel wat zout. Verdeel de rucola en zalm over de salade.

VOOR 1
PERSOON

THAISE BIEFSTUKSALADE

- S -
335 KCAL

INGREDIËNTEN

100 g peultjes
100 g biefstuk
1 tl roomboter
¼ komkommer, in halve dunne plakjes
50 g mango, in blokjes
1 bosui, in ringetjes
¼ rode peper, fijngehakt
2 handjes taugé
1 handje verse koriander
2 blaadjes verse munt, in reepjes
2 el Japanse sojasaus
½ biologische limoen, rasp
1 el limoensap

BEREIDINGSWIJZE

Haal de biefstuk 30 minuten voor bereiding uit de koelkast. Vul een kookpan met een laagje water en breng aan de kook. Zet een stoommand of metalen vergiet op de pan en stoom de peultjes met het deksel erop beetgaar in circa 4 minuten. Spoel af met koud water en laat uitlekken. Dep de biefstuk droog met keukenpapier. Verwarm de roomboter in een koekenpan en bak de biefstuk rondom bruin op hoog vuur, beweeg de biefstuk goed door de pan. Zet het vuur laag en bak de biefstuk medium rare in circa 3 minuten per kant. Verwarm intussen een bord. Leg de biefstuk op het warme bord, dek af met een deksel of met aluminiumfolie en laat 5 minuten rusten. Snijd de biefstuk in plakken. Meng alle overige ingrediënten in een kom en schep goed om. Verdeel de salade mooi over een bord en verdeel de biefstuk erover.

In de tijd dat ik afviel,
at ik nooit anders dan
mijn gezin. Alleen minder.
Dat werkte perfect.

DINER

Sinds *Het geheim van slanke mensen* heb ik thuis een regel ingevoerd: een uur voor het diner wordt er niets meer gegeten. Voorheen nam ik – hongerig en moe vanuit werk – een koekje of een cracker, of in een gezonde bui een appel. Hoe dan ook: ik stilde mijn ergste trek al voor de maaltijd. Zonde!

Inmiddels heb ik mezelf aangeleerd dat ik het best kan verdragen om even trek te hebben: ik ga toch binnen een uur eten. Slanke mensen zijn gewend af en toe honger te voelen en vinden dat ook geen probleem: het ebt vanzelf weg, zeker met de nodige afleiding. En het mooie van écht trek hebben: je eet bewuster en proeft beter... Ik geniet veel meer van mijn diner nu ik er bewust op wacht. Een aanrader!

VOOR 4
PERSONEN

PAKSOISTAMPPOT

MET GEHAKT

- S -
386 KCAL

INGREDIËNTEN

800 g kruimige aardappels, in stukken
250 g mager rundergehakt
2 teentjes knoflook, fijngeperst
150 g bosui, in ringetjes
2 gele paprika's, in blokjes
2 struiken paksoi, in repen, blad apart
1 tl peper
1 tl chilipoeder
1 el oregano
1 el tijm
2 tl olijfolie

BEREIDINGSWIJZE

Kook de aardappels gaar in een laagje water, giet af en stamp met een paar eetlepels kookvocht tot een smeuïge puree. Bak het gehakt zonder olie in een grote antiaanbakpan rul en goudbruin op halfhoog vuur, maar nog niet gaar. Voeg knoflook, bosui en paprika toe en bak 5-8 minuten op laag vuur tot ze zacht zijn. Mocht het niet passen in de pan, pak er dan een tweede antiaanbakpan bij en verdeel de ingrediënten over de twee pannen. Voeg halverwege de stelen van de paksoi toe. Voeg daarna het blad van de paksoi toe en bak nog 1 minuut op laag vuur. Voeg peper, chilipoeder, oregano, tijm, olijfolie en aardappelpuree toe en roer goed.

PLUSTIP - **S** - 435 KCAL

Vervang het gehakt door 250 gram Griekse feta. Bak deze niet mee maar strooi over de stamppot. Gebruik 1 eetlepel olijfolie om de knoflook, bosui en paprika in te bakken.

Als je niets op de verbodenmiddelenlijst hebt, zijn er superveel lekkere basisingrediënten voor een simpel doch smaakvol en origineel diner. Van stamppot tot risotto, graansoorten en courgettepasta. Leef je uit en geniet ervan!

VOOR 4 PERSONEN

NOEDELS

MET KIP EN GROENTE

- S -
382 KCAL

INGREDIËNTEN

150 g eiernoedels
1 el plantaardige olie
300 g kipfilet, in blokjes
2 uien, gesnipperd
4 teentjes knoflook, fijngeperst
250 g champignons, in plakjes
2 rode paprika's, in blokjes
200 g sugarsnaps
4 cm gember, fijngehakt
3 el ketjap manis
2 el citroensap

BEREIDINGSWIJZE

Bereid de noedels volgens de aanwijzingen op de verpakking en laat afkoelen in koud water. Verwarm de helft van de olie in een grote antiaanbakpan en bak de kip goudbruin en gaar op hoog vuur. Schep uit de pan en houd apart. Doe de resterende olie, ui en knoflook in de pan, zet het vuur laag en fruit zachtjes tot de ui glazig ziet. Voeg de champignons en paprika toe en bak 2 minuten op hoog vuur. Voeg de sugarsnaps, gember, ketjap en het citroensap toe. Roer goed door en verwarm tot de sugarsnaps gaar maar nog knapperig zijn. Giet de noedels goed af en voeg samen met de kip toe aan de pan. Warm nog even goed door.

PLUSTIP - **M** - 540 KCAL

Bestrooi met 100 gram ongezouten pinda's.

VOOR 4 PERSONEN

NOEDELS

MET GAMBA'S EN GROENTE

- S -

359 KCAL

INGREDIËNTEN

150 g mihoen
1,5 el plantaardige olie
300 g wokgarnalen of rauwe, gepelde gamba's
2 uien, gesnipperd
1 rode peper, gesnipperd
4 cm gember, fijngehakt
4 teentjes knoflook, fijngeperst
2 rode paprika's, in blokjes
150 g sugarsnaps
4 el water
1 struik paksoi, in dunne repen, blad en stelen apart
4 el Japanse sojasaus
1 el limoensap
4 handen vers basilicum

BEREIDINGSWIJZE

Bereid de mihoen volgens de aanwijzingen op de verpakking en laat afkoelen in koud water. Verhit 1 eetlepel olie in een antiaanbakpan en bak de gamba's bijna gaar. Controleer de verpakking voor de bereidingstijd. Schep uit de pan en houd apart. Voeg de resterende olie, ui, rode peper, gember en knoflook toe en bak 1 minuut op laag vuur. Voeg paprika, sugarsnaps en water toe en bak 2 minuten op hoog vuur. Voeg de paksoistelen toe en bak 2 minuten mee. Voeg het paksoiblad, de sojasaus, het limoensap en de gamba's toe en warm nog even goed door. Serveer met het basilicum. Dit gerecht is ook lekker zonder basilicum.

VOOR 4 PERSONEN

TACO'S

- M -
544 KCAL

INGREDIËNTEN

8 taco tubs (Santa Maria, 145 g) of 12 taco shells (Santa Maria, 135 g)
200 g mager rundergehakt
½ zakje tacokruiden (15 g)
1 komkommer, in blokjes
4 el (pittige) tomatensaus voor taco's of wraps
4 el zure room
4 tomaten, in blokjes
1 zakje ijsbergsla, in reepjes
2 rode paprika's, in blokjes
4 bosuitjes, in ringetjes

GUACAMOLE

1 avocado
1 tomaat
¼ rode peper
½ teentje knoflook
1 tl citroensap
zout
peper

Dit is één van onze favorieten. Ik serveer alle ingrediënten in losse bakjes, zo kan iedereen zijn eigen 'bootje' vullen. Ik heb gemerkt dat zelf opscheppen en zelf kiezen goed werkt bij mijn kinderen; de taco's gaan altijd op en de groente ook.

BEREIDINGSWIJZE

Verwarm de taco's volgens de aanwijzingen op de verpakking. Verhit een antiaanbakpan en bak het gehakt op halfhoog vuur zonder olie rul en gaar. Voeg halverwege de tacokruiden toe en roer goed. Doe alle overige ingrediënten voor de taco's in losse schaaltjes. Doe de ingrediënten voor de guacamole in de blender of beker van de staafmixer en pureer fijn. Breng op smaak met zout en peper. Serveer de taco's met de schaaltjes ingrediënten, guacamole en gehakt.

PLUSTIP - L - 602 KCAL

Serveer de taco's met 2 eetlepels geraspte 30+-kaas per persoon. Verdeel de kaas voor het verwarmen over de taco tubs of strooi de kaas tijdens het eten over de taco's.

VOOR 4
PERSONEN

RISOTTO

MET GEHAKT EN GROENTE

- S -
443 KCAL

INGREDIËNTEN

1 tl plantaardige olie
1 ui, gesnipperd
1 teentje knoflook
300 g mager rundergehakt
2 rode paprika's, in blokjes
400 g courgette, in blokjes
240 g risottorijst
725 ml groentebouillon
peper

BEREIDINGSWIJZE

Verwarm de oven voor op 200 °C. Verwarm de olie in een antiaanbakpan op laag vuur en fruit de ui en knoflook glazig. Voeg het gehakt toe, bak rondom bruin en voeg dan de paprika en courgette toe. Roer goed en bak 1 minuut. Zet het vuur hoog, voeg de risottorijst toe en schep goed om. Schep de risotto in een grote ovenschaal en breng op smaak met peper. Giet de bouillon erbij en roer goed door. Zet ongeveer 30 minuten in de oven tot de rijst zacht is en de bouillon opgenomen.

PLUSTIP - **M** - 471 KCAL

Bestrooi de risotto met 40 gram geraspte Parmezaanse kaas.

Als je wilt afvallen, voer dan een nieuwe regel in: nooit een tweede keer opscheppen! Dat scheelt gemiddeld 7 kilo per jaar.

VOOR 4 PERSONEN

RISOTTO

MET PADDENSTOELEN, BIESLOOK EN PECORINO

- **XS** -
340 KCAL

INGREDIËNTEN

2 tl plantaardige olie
1 bosje bosui, in ringetjes
2 teentjes knoflook, fijngeperst
400 g champignons, in plakjes
200 g gemengde paddenstoelen, in plakjes
240 g risottorijst
725 ml groentebouillon
peper
40 g pecorino romano, geraspt
1 plantje of bosje verse bieslook, fijngehakt

BEREIDINGSWIJZE

Verwarm de oven voor op 200 °C. Verwarm de olie in een antiaanbakpan op laag vuur en fruit de bosui en knoflook 1 minuut. Voeg de champignons en paddenstoelen toe en bak 5 minuten op hoog vuur, schep steeds goed om. Zet het vuur hoog, voeg de risottorijst toe en schep goed om. Schep de risotto in een grote ovenschaal en breng op smaak met peper. Giet de bouillon erbij en roer goed door. Zet ongeveer 30 minuten in de oven tot de rijst zacht is en de bouillon opgenomen. Roer de helft van de bieslook door de risotto en bestrooi met de pecorino en resterende bieslook.

PLUSTIP - **S** - 363 KCAL

Vervang 150 milliliter bouillon door dezelfde hoeveelheid droge witte wijn. Voeg de wijn samen met de risottorijst toe aan de pan en verhit tot de alcohol verdampt is.

Flapjes! Lekker
en origineel als
afwisseling op tafel én
een topper op feestjes!

VOOR 4 PERSONEN

FILODEEGFLAPJES
MET GEGRILDE COURGETTE, ZALM EN DILLE

- S -
391 KCAL

INGREDIËNTEN
2 kg courgette, in plakken van 1 cm
4 tl dille, gedroogd
zout
peper
8 vellen filodeeg (120 g), ontdooid
1 ei, geklutst
300 g gerookte zalm, in snippers

BEREIDINGSWIJZE
Verwarm de oven voor op 200 °C. Verhit een grillpan tot loeiheet en gril de courgette circa 2 minuten per zijde. Laat iets afkoelen en snijd eenderde van de courgettes in blokjes. Druk het overtollige vocht eruit door een zeef. Meng de blokjes courgette met de dille en breng flink op smaak met zout en peper. Bekleed twee bakplaten met bakpapier. Leg één vel filodeeg op de bakplaat en bestrijk de randen met ei. Leg het overige filodeeg tussen een vochtige theedoek. Leg eenachtste deel van de courgetteblokjes en zalm in een hoek van het filodeeg en vouw dicht tot een driehoek of vierkant. Bestrijk de buitenkant volledig met ei. Herhaal dit met de overige vellen filodeeg. Bak de flapjes in circa 5-10 minuten boven in de oven tot ze goudbruin en knapperig zijn. Breng de resterende plakken courgette op smaak met zout en peper en serveer met de flapjes.

VOOR 4 PERSONEN

FILODEEG
MET GEKRUID GEHAKT, PAPRIKA EN TOMATENSALADE

- S -
410 KCAL

INGREDIËNTEN
1 rode ui, in ringen
azijn
400 g mager rundergehakt
2 teentjes knoflook, fijngeperst
2 tl chilipoeder
2 tl komijnpoeder
1 tl oregano
2 handen verse bladpeterselie, fijngesneden
zout
peper
4 rode paprika's, in blokjes
8 vellen filodeeg (120 g), ontdooid
1 ei, geklutst
8 tomaten, in blokjes

BEREIDINGSWIJZE
Verwarm de oven voor op 200 °C. Doe de uiringen in een klein schaaltje en overgiet met azijn zodat ze helemaal onderstaan. Meng het gehakt met de knoflook, het chilipoeder, de komijn, oregano en 1 hand peterselie. Breng op smaak met zout en peper. Bak het gehaktmengsel zonder olie rul en goudbruin, maar niet gaar. Meng met één paprika. Maak de flapjes zoals beschreven in het voorgaande recept, maar dan met de paprika-gehaktvulling. Giet de ui af door een zeef, laat uitlekken en meng met de resterende paprika, bladpeterselie en tomaat in een kom. Serveer de tomatensalade bij de flapjes.

VOOR 4 PERSONEN

DEEGFLAPJES
MET MOZZARELLA EN PESTO

- **XS** -
342 KCAL

INGREDIËNTEN

4 vellen gistdeeg voor hartige taart (180 g), ontdooid
250 g mozzarella light, in plakjes
3 el groene pesto
1 kg gemengde cherrytomaten, gehalveerd
2 el balsamicoazijn

BEREIDINGSWIJZE

Verwarm de oven voor op 200 °C. Bekleed een bakplaat met bakpapier. Leg de vellen deeg op het bakpapier en rol een beetje uit met een deegroller. Verdeel de mozzarella, pesto en een paar tomaatjes over het midden van het deeg en vouw de zijkanten naar elkaar toe tot een vierkant bakje. Bak de flapjes boven in de oven circa 15-20 minuten tot ze gaar en knapperig zijn. Dep het vocht dat vrijkomt uit de mozzarella tussendoor op met keukenpapier. Doe de overige tomaatjes in een schaal en meng met de balsamicoazijn. Serveer de flapjes met de tomatensalade.

SLANKTIP - **XL** - 681 KCAL

Vervang de mozzarella light door 500 gram mozzarella, waarvan je de helft toevoegt aan de salade met 1 eetlepel olijfolie. Voeg 4 eetlepels geroosterde pijnboompitten toe aan de vulling voor de flapjes.

VOOR 4 PERSONEN

DEEGFLAPJES
MET DOPERWTEN EN PITTIGE INDIASE KIP

- **M** -
549 KCAL

INGREDIËNTEN

2 tl plantaardige olie
350 g kipfilet, in blokjes
4 el milde Indiase currypasta
1 grote ui, gesnipperd
800 g doperwten (diepvries)
2 tl sriracha hot chili sauce
4 vellen gistdeeg voor hartige taart (180 g), ontdooid
4 el water
2 el zoete chilisaus

BEREIDINGSWIJZE

Verwarm de oven voor op 200 °C. Verwarm de olie in een antiaanbakpan op hoog vuur en bak de kipfilet rondom bruin maar nog niet gaar. Voeg de currypasta, ui, doperwten en sriracha toe, roer goed en bak 1 minuut. Bekleed een bakplaat met bakpapier. Leg de vellen deeg op het bakpapier en rol een beetje uit met een deegroller. Schep wat vulling op de vellen en vouw dicht tot driehoekjes. Bak de flapjes boven in de oven circa 15-20 minuten tot ze gaar en knapperig zijn. Voeg intussen het water toe aan de resterende vulling in de pan en verwarm op laag vuur tot de kip gaar is. Dip de flapjes in de chilisaus en serveer met de resterende vulling.

PLUSTIP - **L** - 564 KCAL

Strooi voor het bakken 1 eetlepel ongeroosterd sesamzaad over de flapjes.

VOOR 4 PERSONEN
(2,5 PITA P.P.)

PITABROOD

MET TONIJN EN BIESLOOK

- S -
428 KCAL

INGREDIËNTEN

10 volkoren pitabroodjes
260 g tonijn op waterbasis (blik), uitgelekt
2 el volle Griekse yoghurt
3 el ketchup
1 el yoghurtmayonaise
1 el bieslook (gedroogd)
2 bosuitjes, in ringetjes
2 zakjes gesneden ijsbergsla
1 komkommer, in blokjes
4 tomaten, in blokjes

BEREIDINGSWIJZE

Verwarm de pitabroodjes volgens de aanwijzingen op de verpakking. Meng de tonijn met de yoghurt, ketchup, yoghurtmayonaise, bieslook en bosui. Meng de sla met de komkommer en tomaat. Verdeel de tonijn over de warme pitabroodjes en serveer met de salade.

VARIATIETIP - **S** - 373 KCAL

Ook geschikt als lunch, neem dan 2 pita's per persoon.

PLUSTIP - **M** - 473 KCAL

Sprenkel 2 eetlepels olijfolie en 1 eetlepel azijn over de salade.

VOOR 4 PERSONEN

INDIAAS NAANBROOD

MET KRUIDIGE TOFU EN SPINAZIE

- **XL** -
663 KCAL

INGREDIËNTEN

4 naanbroden
2 el plantaardige olie
1 grote ui, gesnipperd
2 cm verse gember, fijngehakt
4 el milde Indiase currypasta
400 g tofu naturel, in blokjes
4 tomaten, in blokjes
400 g verse spinazie
200 g mango, in blokjes

BEREIDINGSWIJZE

Verwarm het naanbrood volgens de aanwijzingen op de verpakking. Verwarm de olie, ui, gember en currypasta op laag vuur in een antiaanbakpan tot de ui glazig ziet. Voeg de tofu toe en bak rondom goudbruin op hoog vuur. Zet het vuur laag, voeg de tomaat en spinazie toe en bak tot de spinazie geslonken is. Giet eventueel af in een vergiet. Serveer met het warme naanbrood en de blokjes mango apart in een schaaltje.

VARIATIETIP - **XL** - 663 KCAL
Ook geschikt als lunch.

SLANKTIP - **M** - 480 KCAL
Serveer ½ naanbrood per persoon.

VOOR 4 PERSONEN

INDIAAS NAANBROOD

MET KIP EN MANGO

- XL -
735 KCAL

INGREDIËNTEN

4 naanbroden
2 el plantaardige olie
1 grote ui, gesnipperd
4 el milde Indiase currypasta
400 g kipfilet, in blokjes
4 rode puntpaprika's, in blokjes
300 g peultjes
1 mango, in blokjes
optioneel: verse koriander

BEREIDINGSWIJZE

Verwarm het naanbrood volgens de aanwijzingen op de verpakking. Verwarm de olie, ui en currypasta op laag vuur in een antiaanbakpan tot de ui glazig ziet. Voeg de kipfilet toe en bak rondom goudbruin op hoog vuur. Zet het vuur laag, voeg de paprika en peultjes toe en verwarm tot de kip gaar is. Serveer met het warme naanbrood en de blokjes mango apart in een schaaltje. Bestrooi naar wens met verse koriander.

VARIATIETIP - XL - 735 KCAL
Ook geschikt als lunch.

PLUSTIP - XL - 1102 KCAL
Serveer 1 extra naanbrood per persoon.

VOOR 4 PERSONEN
(2,5 PITA P.P.)

PITA

MET TOMAAT, KIDNEYBONEN EN CHILI

- **M** -
490 KCAL

INGREDIËNTEN

2 tl plantaardige olie
2 el komijnzaad
10 volkoren pitabroodjes, in vieren
1 grote ui, gesnipperd
4 tomaten, in blokjes
2 blikken kidneybonen, afgespoeld en uitgelekt (500 g)
4 el chilisaus
optioneel: verse koriander

BEREIDINGSWIJZE

Verwarm 1 theelepel olie in een antiaanbakpan op laag vuur en verhit 1 eetlepel komijnzaad tot het begint te geuren. Voeg de puntjes pitabrood toe en bak goudbruin en knapperig. Leg op een bord. Verwarm de resterende olie en fruit hierin de ui tot deze glazig ziet. Voeg de tomaat, kidneybonen, chilisaus en het resterende komijnzaad toe. Roer goed en verwarm kort tot alles warm is, maar laat de bonen en tomaat niet zacht worden. Serveer de bonen met de pitapuntjes. Voeg naar wens verse koriander toe.

VARIATIETIP - **M** - 490 KCAL
Ook geschikt als lunch.

VOOR 4 PERSONEN
(1,5 BROODJE P.P.)

VISBURGER

MET ZEEKRAAL EN REMOULADESAUS

- M -
514 KCAL

INGREDIËNTEN

1 el plantaardige olie
4 kabeljauwburgers (400 g)
100 g zeekraal
1 el water
4 el remouladesaus
4 el kappertjes
1 zakje veld- of ijsbergsla
6 ciabattabroodjes, afgebakken en nog warm

BEREIDINGSWIJZE

Verwarm de olie in een antiaanbakpan en bak de kabeljauwburgers gaar. Controleer de bereidingstijd op de verpakking. Snijd de burgers in de lengte doormidden. Verwarm de zeekraal samen met het water kort in een pan. Doe alle ingrediënten in schaaltjes en serveer met de broodjes.

PLUSTIP - **L** - 587 KCAL
Neem 1 extra eetlepel remouladesaus per persoon.

PLUSTIP - **L** - 578 KCAL
Neem 8 ciabattabroodjes in plaats van 6.

VOOR 4 PERSONEN
(1,5 BROODJE P.P.)

HAMBURGER

MET RUCOLA EN KAPPERTJES

~ **M** ~
540 KCAL

INGREDIËNTEN

1 el plantaardige olie
4 verse hamburgers (rundvlees, 400 g)
4 tomaten, in plakken
4 el yoghurtmayonaise
4 el ketchup
4 el kappertjes
1 zakje rucola
6 ciabattabroodjes, afgebakken en nog warm

BEREIDINGSWIJZE

Verwarm de olie in een antiaanbakpan en bak de hamburgers gaar. Controleer de bereidingstijd op de verpakking. Snijd de hamburgers in de lengte doormidden. Doe alle ingrediënten in schaaltjes en serveer met de broodjes.

PLUSTIP ~ **L** ~ 604 KCAL
Neem 8 ciabattabroodjes in plaats van 6.

VOOR 4 PERSONEN
(1,5 BROODJE P.P.)

SPICY VEGABURGER

MET AVOCADO EN KIEMEN

- **M** -
578 KCAL

INGREDIËNTEN

1 el plantaardige olie
4 vegaburgers naar keuze
2 sjalotten, in dunne ringen
2 el volle Griekse yoghurt
2 el ketchup
2 tl sambal
½ el ketjap manis
2 gekookte eieren, in plakjes
1 avocado, in plakjes
1 zakje rucola
1 bakje kiemen of erwtenscheuten
6 bruine bolletjes met zaden en pitten, afgebakken en nog warm

BEREIDINGSWIJZE

Verwarm de olie in een antiaanbakpan en bak de vegaburgers. Controleer de bereidingstijd op de verpakking. Snijd de vegaburgers in de lengte doormidden en zet apart. Fruit de sjalot in dezelfde pan krokant op halfhoog vuur. Meng de yoghurt, ketchup, sambal en ketjap tot een sausje. Doe alle ingrediënten in schaaltjes en serveer met de broodjes.

PLUSTIP - **L** - 577 KCAL

Neem 8 bruine bolletjes in plaats van 6.

Ook een topper als je slank, gezond en lekker wilt eten: gevulde groente. Varieer er gerust op los!

PAPRIKA MET COUSCOUS, KRUIDEN EN GEHAKT

VOOR 4 PERSONEN - **S** - 431 KCAL

INGREDIËNTEN

150 g couscous, ongekookt
300 g mager rundergehakt
3 sjalotten, gesnipperd
100 g kalamataolijven zonder pit, fijngehakt
3 tl ras el hanout
zout
peper
6 paprika's naar keuze, gehalveerd

BEREIDINGSWIJZE

Verwarm de oven voor op 250 °C en zet op de hoogste grillstand. Verwarm een antiaanbakpan en rooster de couscous zonder olie 5 minuten op laag vuur, roer regelmatig en laat niet aanbranden. Bereid de couscous verder volgens de aanwijzingen op de verpakking. Meng het gehakt met de sjalot, doe in de antiaanbakpan zonder olie en bak rul en bijna gaar op halfhoog vuur. Meng de couscous met het gehakt, de olijven en ras el hanout en breng op smaak met zout en peper. Snijd de paprika's doormidden en verwijder de zaadlijsten. Vul de paprika's met de couscous en zet in een paar ovenschalen circa 5-10 minuten onder de hete grill tot de paprika beetgaar is. Gril 1 bakplaat per keer.

PORTOBELLO MET OLIJVEN, ZONGEDROOGDE TOMAAT EN PETERSELIE

VOOR 4 PERSONEN - **XS** - 342 KCAL

INGREDIËNTEN

12 portobello's
1 el plantaardige olie
zout
peper
130 g zongedroogde tomaat op olie, goed uitgeknepen en fijngesneden
50 g groene knoflookolijven zonder pit, fijngehakt
4 el bladpeterselie, fijngehakt
1 ciabattabrood (200 g), afgebakken en nog warm
1 zakje rucola

BEREIDINGSWIJZE

Verwarm de oven voor op 250 °C en zet op de hoogste grillstand. Lepel wat van het vruchtvlees voorzichtig uit de portobello met een theelepel. Zorg dat de portobello wel heel blijft zodat je hem straks kunt vullen. Snijd het vruchtvlees in stukjes. Verwarm de olie in een antiaanbakpan en bak op hoog vuur tot het vruchtvlees zacht is. Breng op smaak met zout en peper. Meng het vruchtvlees met de tomaat, olijven en peterselie en vul daarmee de portobello's. Leg de portobello's in een paar ovenschalen en zet circa 5 minuten onder de hete grill. Gril 1 bakplaat per keer en pas op voor aanbranden. Dit lijkt al snel het geval doordat de binnenzijde van de portobello bijna zwart van kleur is. Serveer met de ciabatta en rucola.

PLUSTIP - **S** - 432 KCAL

Serveer het ciabattabrood met 4 eetlepels fruitige olijfolie en een beetje zeezout.

COURGETTE MET KIP, KAAS EN ITALIAANSE KRUIDEN

VOOR 4 PERSONEN - **S** - 376 KCAL

INGREDIËNTEN

6 courgettes (1,8 kg)
3 tl rozemarijn, gedroogd
3 tl oregano, gedroogd
3 tl tijm, gedroogd
1 bosje bosui, in ringen
½ el plantaardige olie
400 g kipfilet, in blokjes
40 g pecorino romano, geraspt

BEREIDINGSWIJZE

Verwarm de oven voor op 250 °C en zet op de hoogste grillstand. Snijd de courgettes in de lengte doormidden en lepel het vruchtvlees er voorzichtig uit met een theelepel of meloenbolletjestang. Zorg dat de courgettes heel blijven zodat je ze straks kunt vullen. Snijd het vruchtvlees in stukjes en meng met de kruiden en bosui. Verwarm de olie in een antiaanbakpan en bak de kip rondom bruin op hoog vuur, maar nog niet gaar. Voeg de courgettestukjes toe en bak 3 minuten mee. Roer de pecorino door het mengsel en vul de courgettehelften ermee. Leg de courgettes in een paar ovenschalen en zet circa 5-10 minuten onder de hete grill tot de groente zacht is en de kip gaar. Gril 1 bakplaat per keer.

AUBERGINE MET TOMAAT, KNOFLOOK EN AARDAPPEL

VOOR 4 PERSONEN - **XS** - 270 KCAL

INGREDIËNTEN

6 aubergines
500 g aardappel, in blokjes
1 tl plantaardige olie
6 teentjes knoflook, fijngeperst
1 el oregano, gedroogd
4 handen vers basilicum, helft fijngehakt
peper
zout
1 kg tomaten, in blokjes

BEREIDINGSWIJZE

Verwarm de oven voor op 250 °C en zet op de hoogste grillstand. Snijd de aubergines in de lengte doormidden en lepel het vruchtvlees er voorzichtig uit met een theelepel of meloenbolletjestang. Zorg dat de aubergines heel blijven zodat je ze straks kunt vullen. Snijd het vruchtvlees in stukjes en doe samen met de aardappel in een kookpan met een laagje water. Kook gaar in circa 10 minuten en giet af. Verwarm de olie op laag vuur in een antiaanbakpan en fruit de knoflook 30 seconden. Bak de aardappel en aubergine 5 minuten mee op hoog vuur. Zet het vuur uit en voeg de oregano en helft van het basilicum toe, roer goed en breng flink op smaak met zout en peper. Roer de blokjes tomaat erdoor en vul de aubergines met het mengsel. Leg de aubergines in een paar ovenschalen en zet ze circa 5-10 minuten onder de hete grill tot de aubergine zacht is en de vulling knapperig. Gril 1 bakplaat per keer. Bestrooi de aubergines met het resterende basilicum.

PLUSTIP - **S** - 435 KCAL

Verdeel 250 gram buffelmozzarella in plakjes over de aubergines voordat je ze onder de grill zet.

Pakketjes uit de oven! Het is altijd weer een verrassing voor de anderen aan tafel. Wat zit er dit keer in? Uitpakken en smullen maar...

VOOR 4 PERSONEN

PAKKETJES
UIT DE OVEN MET KIP, RODE PAPRIKA EN SPERZIEBONEN

- M -
481 KCAL

INGREDIËNTEN
240 g pandanrijst
400 g sperziebonen, in kleine stukjes
2 rode paprika's, in reepjes
1 bosje bosui, in ringen
400 g kipfilet, in blokjes
2 teentjes knoflook, in plakjes
chilivlokken
peper
2 el Japanse sojasaus
2 el bouillon

BEREIDINGSWIJZE
Verwarm de oven voor op 200 °C. Kook de rijst gaar volgens de aanwijzingen op de verpakking. Meng de sperziebonen, paprika, bosui, kipfilet en knoflook goed door elkaar in een grote schaal en breng op smaak met chilivlokken en peper. Verdeel het mengsel over vier grote vellen aluminiumfolie. Meng de sojasaus met de bouillon en verdeel 1 eetlepel over elk pakketje. Vouw of draai de pakketjes goed dicht zodat er geen stoom kan ontsnappen. Leg de pakketjes in een ovenschaal en zet circa 30 minuten in de oven, tot de kip gaar is. Serveer een pakketje per persoon en schep hier wat rijst bij. Het kookvocht dient als smaakmaker voor de rijst.

VOOR 4 PERSONEN

PAKKETJES
UIT DE OVEN MET KABELJAUW, TOMAAT EN OLIJVEN

- S -
379 KCAL

INGREDIËNTEN
500 g krieltjes in de schil
1 kg tomaten, in kleine blokjes of cherrytomaten
1 prei, in dunne halve ringen
2 teentjes knoflook, fijngehakt
200 g kalamataolijven zonder pit, gehalveerd
zout
peper
2 el citroensap
4 moten kabeljauwfilet (400 g)

BEREIDINGSWIJZE
Verwarm de oven voor op 200 °C. Kook de krieltjes gaar in circa 10-15 minuten in een kookpan met een klein laagje water. Giet af en houd warm in de pan. Meng intussen de tomaat, prei, knoflook en olijven goed door elkaar in een grote schaal en breng op smaak met zout en peper. Verdeel het mengsel over vier grote vellen aluminiumfolie, besprenkel met citroensap en leg de kabeljauw erop. Vouw of draai de pakketjes goed dicht zodat er geen stoom kan ontsnappen. Zet in een ovenschaal en laat in circa 20 minuten gaar worden in de oven. Controleer af en toe de gaarheid van de kabeljauw, aangezien de bereidingstijd erg kan verschillen door de dikte van de filet. Serveer een pakketje per persoon samen met de krieltjes.

VOOR 4
PERSONEN

GROENTEPAKKETJE UIT DE OVEN

MET CHAMPIGNONS, RODE UI EN TIJM

- **XS** -
305 KCAL

INGREDIËNTEN

240 g zilvervliesrijst
500 g champignons, in kleine blokjes
600 g courgette, in kleine blokjes
1 rode ui, in halve ringen
4 teentjes knoflook, in plakjes
2 el tijm
2 el oregano
zout
peper
4 el bouillon

BEREIDINGSWIJZE

Verwarm de oven voor op 200 °C. Kook de rijst gaar volgens de aanwijzingen op de verpakking. Meng de champignons, courgettes, ui, knoflook, tijm en oregano goed door elkaar in een grote schaal en breng op smaak met zout en peper. Verdeel het mengsel over vier grote stukken aluminiumfolie en verdeel over elk pakketje 1 eetlepel bouillon. Vouw of draai de pakketjes goed dicht zodat er geen stoom kan ontsnappen. Leg de pakketjes in een ovenschaal en zet circa 25-30 minuten in de oven tot de groente gaar is. Serveer een pakketje per persoon en schep hier wat rijst bij. Het kookvocht dient als smaakmaker voor de rijst.

Ook friet heb je in vele soorten en maten. Welke kies jij?

VOOR 4 PERSONEN

FRIET VAN ZOETE AARDAPPEL

- XS -
245 KCAL

INGREDIËNTEN
1 kg zoete aardappelen
1 el plantaardige olie

optioneel:
komijnpoeder
chilipoeder
zout

BEREIDINGSWIJZE
Verwarm de oven voor op 200 °C. Schil de zoete aardappelen en snijd in dunne frieten. Meng in een kom met de olie en zorg dat de frieten aan alle kanten bedekt zijn met een laagje olie. Spreid de frieten uit op twee of drie met bakpapier beklede bakplaten en zet circa 15 minuten in de oven tot ze gaar zijn. Wissel de platen halverwege en keer de frieten voorzichtig om. Bekijk ook de tips voor bereiding van ovenfriet bij het recept van aardappelfriet (zie blz. 136). Zet de frieten nog enkele minuten onder de hete grill voor een goudbruine kleur en een beetje knapperigheid. Bestrooi met komijnpoeder, chilipoeder en zout naar smaak. Serveer meteen.

LEKKER MET - XS - 285 KCAL
Hummus (zie blz. 64).

VOOR 4 PERSONEN

WORTELFRIET

- XS -
82 KCAL

INGREDIËNTEN
1 kg winterwortel
2 tl plantaardige olie

optioneel:
zout

BEREIDINGSWIJZE
Verwarm de oven voor op 200 °C. Schraap de wortel schoon en snijd in dunne frieten. Meng in een kom met de olie en zorg dat de frieten aan alle kanten bedekt zijn met een laagje olie. Spreid de frieten uit op twee met bakpapier beklede bakplaten en zet circa 30-35 minuten in de oven tot ze goudbruin en knapperig zijn. Wissel de platen halverwege en keer de frieten om. Bekijk ook de tips voor bereiding van ovenfriet bij het recept van aardappelfriet (zie blz. 136). Bestrooi de frieten met zout naar smaak.

LEKKER MET - XS - 216 KCAL
40 gram spicy tomatentapenade (zie blz. 65).

LEKKER MET - XS - 108 KCAL
2 eetlepes skinny ketchup (zie blz. 157).

VOOR 4
PERSONEN

AARDAPPELFRIET

- **XS** -
220 KCAL

INGREDIËNTEN
1 kg aardappelen
2 tl plantaardige olie
zout

BEREIDINGSWIJZE
Verwarm de oven voor op 200 °C. Schil de aardappelen en snijd in dunne frieten. Meng in een kom met de olie en zorg dat de frieten aan alle kanten bedekt zijn met een laagje olie. Spreid de frieten uit op twee of drie met bakpapier beklede bakplaten en zet circa 30-35 minuten in de oven tot ze goudbruin en knapperig zijn. Wissel de platen halverwege en keer de frieten om. Bestrooi met zout naar smaak en serveer meteen.

TIPS VOOR BEREIDING VAN OVENFRIET:
Zorg dat er voldoende ruimte vrij is rondom de frieten, bak eventueel in twee sessies als het niet in de oven past. Blijf er goed bij om te voorkomen dat de frieten verbranden.
De bereidingstijd is erg afhankelijk van de dikte van de frieten en hoe warm je oven precies is. De frieten worden niet zo knapperig als gefrituurde friet.

LEKKER MET - XS - 255 KCAL
1 portie skinny mayo (zie blz. 156)

VOOR 4 PERSONEN

FREEKEH
MET GEROOSTERDE GROENTE

- XS -
343 KCAL

Misschien ken je freekeh nog niet, maar laat je daar niet door tegenhouden! Probeer af en toe iets nieuws en ontdek nieuwe smaken.

INGREDIËNTEN

240 g freekeh
600 g courgette, in blokjes
4 paprika's naar keuze, in blokjes
1 venkel, in blokjes
4 teentjes knoflook, in plakjes
1 el plantaardige olie
zout
peper
1 zakje rucola
4 handen vers basilicum

BEREIDINGSWIJZE

Verwarm de oven voor op 200 °C. Bereid de freekeh volgens de aanwijzingen op de verpakking. Meng de groente met de knoflook en olie. Verdeel over een met bakpapier beklede bakplaat en rooster 30 minuten. Schep af en toe om. Meng de freekeh met de geroosterde groente en breng op smaak met zout en peper. Serveer met de rucola en basilicum.

VOOR 4 PERSONEN

COUSCOUS
MET PAPRIKA, GEROOKTE KIP EN GRANAATAPPEL

- S -
426 KCAL

INGREDIËNTEN

240 g couscous
6 paprika's naar keuze, in repen
1 tl plantaardige olie
4 sjalotten, gesnipperd
1 teentje knoflook, fijngeperst
250 g gerookte kipfilet (pakje), in blokjes
4 tl ras el hanout
zout
peper
1 bakje granaatappelpitjes

BEREIDINGSWIJZE

Verwarm een antiaanbakpan en rooster de couscous zonder olie in 5 minuten op laag vuur, roer regelmatig en laat niet aanbranden. Bereid de couscous verder volgens de aanwijzingen op de verpakking. Gril de paprika's onder de hete grill op een schone bakplaat zonder bakpapier in circa 5 minuten of tot ze zacht zijn. Snijd de paprika in blokjes. Verwarm de olie in een grote antiaanbakpan op laag vuur en fruit de sjalot tot deze glazig ziet. Voeg de knoflook toe en fruit 1 minuut. Voeg de couscous, paprika, kip en ras el hanout toe en roer goed door. Breng op smaak met zout en peper en serveer met de granaatappelpitjes.

PLUSTIP - L - 591 KCAL
Voeg 100 gram geroosterde blanke amandelen toe.

VOOR 4 PERSONEN

QUINOASALADE
MET POMPOEN EN BROCCOLI

- M -
496 KCAL

INGREDIËNTEN
240 g quinoa
600 g broccoli, in roosjes en de steel in blokjes
400 g pompoen, in blokjes (diepvries)
2 citroenen, sap
4 bosuien, in ringetjes
8 el pompoenpitten
1 el Griekse yoghurt 0%
2 el yoghurtmayonaise
1 tl grof gemalen, pittige mosterd
zout
peper

BEREIDINGSWIJZE
Kook de quinoa gaar volgens de aanwijzingen op de verpakking. Laat afkoelen. Vul een kookpan met een laagje water en breng aan de kook. Zet een stoommand of metalen vergiet op de pan en stoom in gedeelten de broccoli en pompoen met het deksel erop beetgaar in circa 6 minuten. Spoel af met koud water en laat uitlekken. Meng de quinoa met broccoli, pompoen, het citroensap, de bosui, pompoenpitten, yoghurt, yoghurtmayonaise en mosterd. Breng op smaak met zout en peper.

PLUSTIP - **M** - 542 KCAL
Bestrooi per persoon met 25 gram gerookte zalm in snippers.

VOOR 4 PERSONEN

BULGURSALADE
MET TOMAAT, VERSE KRUIDEN EN CRANBERRY

- XS -
340 KCAL

INGREDIËNTEN
240 g bulgur
8 tomaten, in blokjes
1 rode ui, in halve ringen
2 komkommers, in blokjes
1 hand verse munt, fijngehakt
2 handen verse bladpeterselie, fijngehakt
75 g cranberry's, gedroogd en ongezoet
1 biologische citroen, rasp en sap
zout
peper

BEREIDINGSWIJZE
Bereid de bulgur volgens de aanwijzingen op de verpakking en laat afkoelen en uitlekken indien nodig. Meng de bulgur met alle overige ingrediënten en breng op smaak met zout en peper.

VOOR 4
PERSONEN

THAISE GELE CURRY

MET GARNALEN

- S -
436 KCAL

INGREDIËNTEN
240 g pandanrijst
1 tl plantaardige olie
2 sjalotten, fijngesneden
60 g Thaise gele currypasta
1 prei, in dunne halve ringen
350 g wokgarnalen of rauwe, gepelde gamba's
400 g pompoen, in blokjes (diepvries)
400 ml kokosmelk light

Samen met mijn man en kinderen heb ik twee keer een rondreis door Azië gemaakt. Tijdens die vakanties hebben we veel curry's gegeten. Hoewel ze mij daar soms toch echt iets te *spicy* smaken, kan het voor mijn man niet scherp genoeg zijn. Enfin, thuis doet hij er daarom altijd wat rode peper bij...

BEREIDINGSWIJZE
Kook de pandanrijst volgens de aanwijzingen op de verpakking. Verwarm de olie in een grote antiaanbakpan. Bak de ui en currypasta op laag vuur tot de ui glazig ziet. Bak de prei 4 minuten mee op hoog vuur. Voeg de garnalen, pompoen en kokosmelk toe, breng aan de kook en zet het vuur laag. Laat pruttelen tot de garnalen gaar zijn. Serveer de curry met de pandanrijst.

VOOR 4 PERSONEN

THAISE CURRY
MET KIP

- M -
532 KCAL

INGREDIËNTEN

240 g pandanrijst
1 tl plantaardige olie
2 uien, gesnipperd
60 g Thaise groene currypasta
400 g kipfilet, in plakjes
425 g mini-maïskolfjes (blik)
300 g sperziebonen in stukjes
1 gele paprika, in blokjes
400 ml kokosmelk light

BEREIDINGSWIJZE

Kook de pandanrijst volgens de aanwijzingen op de verpakking. Verwarm de olie in een grote antiaanbakpan. Bak de ui en currypasta op laag vuur tot de ui glazig ziet. Zet het vuur hoog en bak de kipfilet rondom bruin, maar nog niet gaar. Voeg de maïskolfjes, sperziebonen, paprika en kokosmelk toe. Breng aan de kook en zet het vuur laag. Laat pruttelen tot de sperziebonen beetgaar zijn. Serveer de curry met de pandanrijst.

VOOR 4 PERSONEN

INDIASE CURRY
MET TOMAAT, BROCCOLI EN EI

- S -
375 KCAL

INGREDIËNTEN

1 tl plantaardige olie
2 uien, gesnipperd
60 g Indiase milde currypasta
400 g broccoli, in roosjes, en steel in blokjes
2 blikken gepelde tomaten
8 eieren, hardgekookt
200 ml kookroom

BEREIDINGSWIJZE

Verwarm de olie in een grote anti-aanbakpan. Bak de ui en currypasta op laag vuur tot de ui glazig ziet. Voeg de broccoli en tomaat toe, breng aan de kook en zet het vuur laag. Laat pruttelen tot de broccoli gaar is en de saus goed ingedikt. Pel de eieren en snijd in partjes. Voeg de kookroom toe aan de saus, roer goed en warm nog even door. Serveer met de eieren.

Nog een quickwin die ik heb doorgevoerd, is minder vlees en meer groente eten. Het is gezonder en superslim als je wilt afvallen. Ik maak bijvoorbeeld standaard twee soorten groente klaar, dan eten we er automatisch meer van. Ik gebruik ook minder vlees in de pasta of rijst. Als alternatief voeg ik champignons en/of extra groente toe. Toptip!

VOOR 4 PERSONEN

TAGLIATELLE CARBONARA

- S -
435 KCAL

INGREDIËNTEN

240 g tagliatelle
4 eieren, geklutst
30 g Parmezaanse kaas, geraspt
peper
240 g magere bacon (12% vet)
2 zakjes rucola

BEREIDINGSWIJZE

Kook de tagliatelle al dente volgens de aanwijzingen op de verpakking. Meng ondertussen de eieren met de helft van de kaas, roer goed door. Breng op smaak met een beetje peper. Verwarm een antiaanbakpan en bak de bacon zonder olie op laag vuur krokant. Giet de tagliatelle af, meng deze door de bacon en zet het vuur uit. Meng het eimengsel terwijl je goed roert door de pasta heen zodat alle pasta bedekt is met ei. Doe dit snel, want het ei stolt meteen. Serveer met de rucola en resterende kaas.

PLUSTIP - **M** - 519 KCAL

Vervang de bacon door 200 gram ontbijtspek en voeg 100 milliliter demi-crème fraîche toe aan het eimengsel.

VOOR 4 PERSONEN

COURGETTEPASTA CARBONARA

- S -
416 KCAL

INGREDIËNTEN

2,4 kg courgette
6 eieren, geklutst
30 g Parmezaanse kaas, geraspt
peper
240 g magere bacon (12% vet)
2 teentjes knoflook, fijngehakt

BEREIDINGSWIJZE

Schaaf de courgette in linten met een kaasschaaf of mandoline. Meng de eieren met de helft van de kaas, roer goed door. Breng op smaak met een beetje peper. Verwarm een antiaanbakpan en bak de bacon zonder olie op laag vuur krokant, voeg halverwege de knoflook toe. Voeg de courgettelinten toe aan de bacon en bak tot ze zacht en warm zijn. Giet de courgettelinten, samen met de knoflook en de bacon, heel goed af in een zeef en druk tot er geen vocht meer uit de courgette komt. Doe terug in de pan en warm goed door. Zet het vuur uit. Meng het eimengsel terwijl je goed roert door de courgettepasta heen zodat alle pasta bedekt is met ei. Doe dit snel, want het ei stolt meteen. Giet nogmaals af door een zeef. Serveer met de resterende kaas.

VOOR 4
PERSONEN

PENNE ARRABIATA

- S -
358 KCAL

INGREDIËNTEN

240 g penne
1 el plantaardige olie
4 uien, gesnipperd
4 teentjes knoflook, fijngehakt
1 rode peper, fijngehakt
4 blikken gepelde tomaten

We hebben er een gewoonte van gemaakt om iedere week een dag vegetarisch te eten. Gezond én goed voor het milieu!

BEREIDINGSWIJZE

Kook de penne al dente volgens de aanwijzingen op de verpakking. Giet af en laat afkoelen in koud water zodat hij niet verder doorgaart. Verwarm de olie in een kookpan op laag vuur. Bak de ui, knoflook en peper tot de ui glazig ziet. Voeg de tomaat toe, zet het vuur hoog en breng aan de kook. Kook de saus tot hij wat dikker wordt. Meng de pasta door de tomatensaus en laat 5 minuten op laag vuur staan met het deksel op de pan voor het serveren.

PLUSTIP - **S** - 398 KCAL

Bestrooi de pasta met 10 gram geraspte Parmezaanse kaas per persoon.

Moet je eigenlijk ook sporten als je af wilt vallen? Een vraag die ik regelmatig krijg gesteld. Niets moet. Van sporten val je geen kilo's af. Je krijgt wel een betere conditie en meer spieren. Daardoor stijgt je verbranding en blijf je makkelijker op gewicht. Sporten geeft je bovendien een psychische boost: je voelt je sterker, fitter en positiever als je meer beweegt. En dát maakt 'nee' zeggen tegen te veel eten makkelijker. Hoe vaker je het doet, hoe leuker het wordt... Kortom: Sporten? Ik zeg doen!

VOOR 4
PERSONEN

COURGETTEPASTA

MET KIP EN GROENE PESTO

- S -
441 KCAL

INGREDIËNTEN

400 g sperziebonen, gehalveerd
1,8 kg courgettes
1 el plantaardige olie
1 teentje knoflook, fijngehakt
400 g kipfilet
4 el groene pesto
zout
peper
4 handen vers basilicum

Voor als je iets meer tijd hebt om in de keuken te staan. Leuke én slanke variant op pasta!

BEREIDINGSWIJZE

Kook de sperziebonen in een kookpan beetgaar in een laagje water. Schaaf ondertussen de courgette in linten met een kaasschaaf of mandoline. Gebruik twee antiaanbakpannen voor de stappen hierna anders past het waarschijnlijk niet in de pan en wordt de courgette niet goed gaar. Verdeel de volgende ingrediënten gelijkmatig over de pannen: verwarm de olie en fruit de knoflook in 30 seconden. Voeg de kip toe en bak rondom bruin op hoog vuur, maar nog niet gaar. Voeg de courgettelinten toe en bak al omscheppend tot ze zacht zijn en de kip gaar. Giet de sperziebonen af en houd wat kookwater apart, meng dit met de pesto tot een sausje. Meng de courgettepasta met de pestosaus en sperziebonen. Breng op smaak met zout en peper en bestrooi met basilicum.

PLUSTIP - **L** - 619 KCAL

Verdubbel de hoeveelheid pesto en bestrooi met 60 gram geroosterde pijnboompitten.

VOOR 4 PERSONEN

SPELTPASTA

MET BROCCOLI, ZALM EN OLIJVEN

- S -

436 KCAL

INGREDIËNTEN

240 g speltpenne
800 g broccoli
100 g kalamataolijven zonder pit, gehalveerd
1 biologische citroen, rasp en 1 el sap
4 el kookroom
zout
peper
50 g witte kaasblokjes 10% vet
100 g gerookte zalm, in snippers

BEREIDINGSWIJZE

Kook de penne al dente volgens de aanwijzingen op de verpakking. Giet af en laat afkoelen in koud water zodat de pasta niet verder doorgaart. Verdeel de broccoli in roosjes en snijd de steel in kleine blokjes. Kook de blokjes 4 minuten in een klein laagje water in een kookpan, voeg dan de roosjes toe en kook beetgaar in ca 4-5 minuten. Giet af. Giet de pasta nogmaals af en meng in een pan met de broccoli, olijven, het citroensap, de citroenrasp en kookroom. Breng op smaak met zout en peper en warm nog even door. Bestrooi de pasta met de kaas en zalm.

PLUSTIP - M - 522 KCAL

Vervang de witte kaasblokjes door 100 gram Griekse feta en verdubbel de hoeveelheid zalm.

Een sausje hoort erbij, maar juist in sausjes zitten vaak veel kcal. Als je niet uitkijkt, werk je ongemerkt veel kcal naar binnen... Daarom deze slanke varianten!

VOOR
100 ML

SKINNY PINDASAUS

- XS -
52 KCAL

INGREDIËNTEN
30 g pindakaas
1,5 tl sambal
8 el heet water
½ teentje knoflook, fijngehakt
½ sjalotje, fijngehakt
mespuntje verse gember, geraspt
peper
zout

BEREIDINGSWIJZE
Doe de pindakaas, sambal, water, knoflook en sjalot in een steelpan en roer op laag vuur tot een egale saus die ongeveer zo dun is als pannenkoekenbeslag. Breng op smaak met de gember, een beetje peper en eventueel wat zout. Serveer de saus meteen, als je hem laat staan dikt hij snel in.

VOOR 4
PORTIES

SKINNY MAYO

- XS -
35 KCAL

INGREDIËNTEN
4 el yoghurtmayonaise
4 el magere yoghurt

BEREIDINGSWIJZE
Meng de yoghurtmayonaise en yoghurt tot een sausje.

Ik eet alleen achten, negens en tienen. Daalt mijn hap onder de acht? Dan vind ik het zonde van de kcal!

VOOR
200 ML

SKINNY KETCHUP

- XS -
13 KCAL

INGREDIËNTEN

1 sjalot, gesnipperd
1 teentje knoflook, in plakjes
1 blik gepelde tomaten (400 g)
2 el tomatenpuree
2 el azijn
2 tl bruine basterdsuiker
snufje korianderpoeder
snufje kerriepoeder
snufje chilipoeder
snufje peper
snufje zout

BEREIDINGSWIJZE

Doe alle ingrediënten in een steelpan en breng aan de kook. Draai het vuur laag en laat 10 minuten pruttelen tot de saus is ingedikt, pas op voor aanbranden. Pureer helemaal fijn in de blender of met de staafmixer. Duw de ketchup door een zeef met de bolle kant van een lepel tot alleen de pitjes in de zeef overblijven. De ketchup is in een afsluitbare pot 2-3 dagen houdbaar in de koelkast.

VOOR 4
PORTIES

SKINNY KNOFLOOKSAUS

- XS -
39 KCAL

INGREDIËNTEN

4 el yoghurtmayonaise
4 el magere yoghurt
2 teentjes knoflook, fijngeperst
2 augurken, fijngehakt
peper

BEREIDINGSWIJZE

Meng de yoghurtmayonaise en yoghurt tot een sausje en roer de knoflook en augurk erdoor. Breng op smaak met peper. Laat een tijdje staan, zo wordt de smaak nog lekkerder.

VOOR 4 PERSONEN

PIZZA

MET TONIJN, UI EN WITTE KAAS

- M -
531 KCAL

INGREDIËNTEN

- 560 g kant-en-klaarpizzadeeg met tomatensaus (300 ml)
- 300 g tonijn op waterbasis (blik), uitgelekt
- 1 grote witte ui, in ringen
- 80 g witte kaasblokjes 10% vet, verkruimeld

BEREIDINGSWIJZE

Verwarm de oven voor volgens de aanwijzingen op de verpakking van het pizzadeeg. Verdeel het pizzadeeg in vieren. Leg het op met bakpapier beklede bakplaten en bak de pizza's 5 minuten. Haal de pizza's uit de oven en verdeel achtereenvolgens de tomatensaus, tonijn, uienringen en kaas over de pizza's. Bak de pizza's af volgens de aanwijzingen op de verpakking.

PLUSTIP - **L** - 618 KCAL

Voeg 120 gram geraspte 30+-kaas toe. Strooi deze over de tomatensaus.

Ik vind het altijd heel leuk dat mijn kinderen vrijwel alles willen proeven. Zijn we in Frankrijk dan proberen ze slakken, in Portugal zitten ze aan de clams (schelpen) en met oud en nieuw nemen ze ook een oester (oké, eentje dan). Maar ondanks deze exotische proeverijen, is en blijven 'de drie p's' bij hen bovenaan het wensenlijstje staan: pannenkoeken, patat en natuurlijk pizza. Deze zelfgemaakte varianten kun je zo slank maken als je zelf wilt, doen dus!

VOOR 4 PERSONEN

PIZZA
MET MOZZARELLA, BASILICUM EN RUCOLA

- M -
550 KCAL

INGREDIËNTEN

560 g kant-en-klaarpizzadeeg met tomatensaus (300 ml)
300 g mozzarella light, in dunne plakken
200 g cherrytomaten, gehalveerd
4 handen vers basilicum
1 zakje rucola

BEREIDINGSWIJZE

Verwarm de oven voor volgens de aanwijzingen op de verpakking van het pizzadeeg. Verdeel het pizzadeeg in vieren. Leg het op met bakpapier beklede bakplaten en bak de pizza's 5 minuten. Haal de pizza's uit de oven en verdeel de mozzarella en tomaat over de pizza's. Bak de pizza's af volgens de aanwijzingen op de verpakking. Dep het vocht dat vrijkomt uit de mozzarella tussendoor op met keukenpapier. Bestrooi de pizza's met basilicum en rucola en serveer meteen.

PLUSTIP - XL - 769 KCAL

Gebruik 500 gram gewone mozzarella en 500 gram gehalveerde cherrytomaten.

VOOR 4 PERSONEN

PIZZA
MET SALAMI EN RODE PEPER

- M -
549 KCAL

INGREDIËNTEN

560 g kant-en-klaarpizzadeeg met tomatensaus (300 ml)
140 g salami, in dunne plakjes
60 g geraspte 30+-kaas
2 rode pepers, in halve ringen

BEREIDINGSWIJZE

Verwarm de oven voor volgens de aanwijzingen op de verpakking van het pizzadeeg. Verhit een antiaanbakpan op laag vuur en bak de salami zonder olie tot het vet vrijkomt. Doe dit eventueel in gedeelten en maak de pan tussendoor schoon met keukenpapier. Schep de salami op keukenpapier, dek af met keukenpapier, druk het papier licht aan en laat uitlekken. Verdeel het pizzadeeg in vieren. Leg het op met bakpapier beklede bakplaten en bak de pizza's 5 minuten. Haal de pizza's uit de oven en verdeel achtereenvolgens de tomatensaus, kaas, uitgelekte salami en rode peper over de pizza's. Bak de pizza's af volgens de aanwijzingen op de verpakking.

PLUSTIP - L - 620 KCAL

Vermeerder de hoeveelheden naar 600 gram pizzadeeg met 400 milliliter tomatensaus, 160 gram salami en 80 gram geraspte 30+-kaas.

VOOR 4 PERSONEN

PIZZA
MET BACON EN SPINAZIE

- M -
534 KCAL

INGREDIËNTEN

1 kg spinazie
4 teentjes knoflook, fijngeperst
560 g kant-en-klaarpizzadeeg met tomatensaus (300 ml)
250 g cherrytomaten, gehalveerd
100 g magere bacon (12% vet)

BEREIDINGSWIJZE

Verwarm de oven voor volgens de aanwijzingen op de verpakking van het pizzadeeg. Laat de spinazie slinken in een klein laagje water en knijp de spinazie heel goed uit. Meng met de knoflook. Verdeel het pizzadeeg in vieren. Leg het op met bakpapier beklede bakplaten en bak de pizza's 5 minuten. Haal de pizza's uit de oven en verdeel achtereenvolgens de spinazie, tomaat en bacon over de pizza's. Bak de pizza's af volgens de aanwijzingen op de verpakking.

PLUSTIP - **XL** - 721 KCAL

Vervang de bacon door 300 gram ontbijtspek in plakjes.

VOOR 4 PERSONEN

PIZZA BIANCA
MET 4 KAZEN

- M -
514 KCAL

INGREDIËNTEN

560 g kant-en-klaarpizzadeeg
50 g Old Amsterdam 35+, geraspt
50 g 30+-kaas naar keuze, geraspt
50 g 20+-kaas naar keuze, geraspt
50 g Beemster oud 30+, geraspt
peper

BEREIDINGSWIJZE

Verwarm de oven voor volgens de aanwijzingen op de verpakking van het pizzadeeg. Verdeel het pizzadeeg in vieren. Leg het op met bakpapier beklede bakplaten en bak de pizza's 5 minuten. Meng de verschillende soorten kaas in een kom en verdeel gelijkmatig over de pizza's. Bak de pizza's af volgens de aanwijzingen op de verpakking en tot de kaas gesmolten is. Bestrooi naar smaak met peper.

PLUSTIP - **XL** - 658 KCAL

Verdubbel de hoveelheden kaas.

TUSSEN DOOR

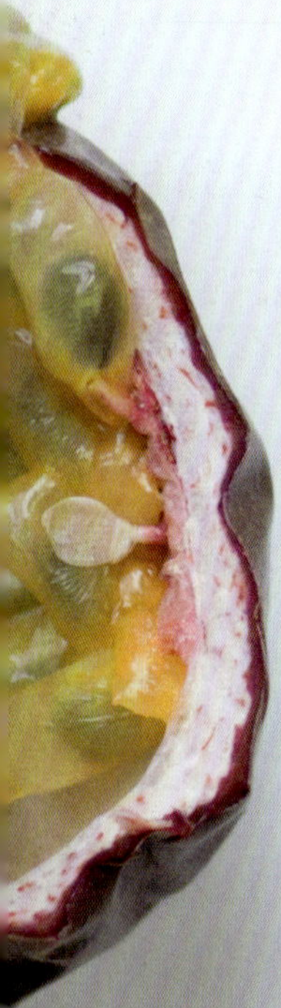

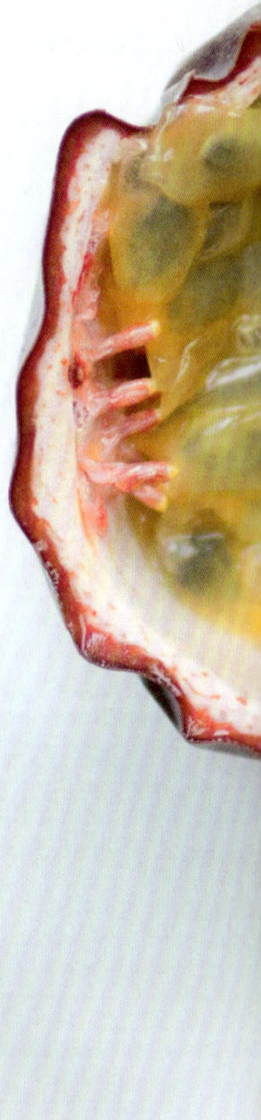

'Elke dag chocolade, twaalf kilo eraf', staat op het omslag van mijn eerste boek: *Het geheim van slanke mensen*. En het klopt: ik eet vrijwel elke dag iets van chocolade. Ik eet geen chocolade om gezond te zijn, ik eet chocolade omdat ik dat heel erg lekker vind. Daarom eet ik ook geen pure chocolade, dat vind ik veel te bitter, maar melkchocolade. Die met karamel en zeezout is bij mij favoriet!

In een gezond eetpatroon is er altijd ruimte om te genieten van iets lekkers dat niet per se gezond hoeft te zijn. Een wijntje, een stukje chocolade of een handje chips. Juist een eetpatroon met ruimte voor lekkere dingen is houdbaar voor altijd!

Je kunt er uiteraard voor kiezen minder geraffineerde suikers te eten, daar is niets mis mee. Maar laat je niet voor de gek houden: ook de zogenaamd 'gezonde appeltaart' of 'slanke kruidkoek' bevat suikers in de vorm van honing, dadels of agavesiroop. En ook dat is suiker.

Noten bevatten met name gezonde, onverzadigde vetten, maar nog steeds veel vet. Pure chocolade bevat ongeveer evenveel kcal als melkchocolade. Als je wilt afvallen, is het dus zeker niet zo dat je van dit soort gezonde tussendoortjes onbeperkt of meer kunt eten dan van een iets minder gezonde variant. Kortom, van te veel gezonde dingen word je dus ook gewoon dikker. Gezond of ongezond, de kern bij afvallen blijft matigen, slim combineren en bewust kiezen.

VOOR 1 PERSOON

MINI-KAASPLANKJE VAN DE KOE

- L -
199 KCAL

INGREDIËNTEN

18 g belegen 20+-kaas
18 g Old Amsterdam 35+
18 g 35+-kaas met kruiden
1 verse vijg

BEREIDINGSWIJZE

Snijd de kaas in verschillende kleine blokjes, plakjes en puntjes. Snijd de vijg in vieren en serveer met de kaas.

VOOR 1 PERSOON

MINI-KAASPLANKJE GEMENGD

- M -
146 KCAL

INGREDIËNTEN

1 Medjoul dadel
10 g verse geitenkaas
10 g pecorino romano, in dunne plakjes
50 g peer, in plakjes
50 g perzik
1 el hüttenkäse
¼ biologische citroen, rasp

BEREIDINGSWIJZE

Snijd de dadel open, vul deze met de geitenkaas en leg op een bord. Schik naast de dadel de plakjes pecorino en plakjes peer om en om. Leg de perzik erbij, schep de hüttenkäse erop en bestrooi met citroenrasp.

VOOR 1
PERSOON

PAPRIKA EN ARTISJOK

- S -
99 KCAL

INGREDIËNTEN

1 rode paprika
50 g gegrilde gele paprika (pot)
30 g gemarineerde artisjokharten, uitgelekt
1 handje verse bladpeterselie, fijngehakt

BEREIDINGSWIJZE

Snijd de paprika en artisjok in hapklare blokjes van gelijke grootte en meng door elkaar. Bestrooi met de bladpeterselie.

VOOR 1
PERSOON

AUGURK
MET ZILVERUITJES EN OLIJVEN

- S -
92 KCAL

INGREDIËNTEN

5 zoetzure augurken
3 el zilveruitjes
25 g groene olijven gevuld met paprika

BEREIDINGSWIJZE

Snijd de augurken in hapklare blokjes en meng met de zilveruitjes en olijven.

Eén van de makkelijkste veranderingen in mijn eetpatroon, met veel effect op mijn gewicht, is dat ik geen calorierijke drankjes meer drink. Goed dan, met uitzondering van koffie verkeerd en wijn. En mijn smoothie in de ochtend, maar die beschouw ik meer als een dagelijkse portie fruit en vormt vaak ook mijn ontbijt. Frisdranken (ook vruchtensapjes) vullen niet, maar de kcal komen wel binnen. Ik vind water mét of zonder smaakje net zo lekker, of een heerlijk kopje thee. Er zijn dus genoeg alternatieven!

Tja, ik kan er niet omheen, ik vind koffie verkeerd heel erg lekker. Zonder een *skinny latte* begint mijn dag niet echt. Waarom ik magere melk kies? Omdat dat fantastisch schuimt! En vooral omdat ik daarmee (uitgaande van 3 à 4 latte's per dag) minimaal 3 kilo per jaar bespaar ten opzichte van volle melk, en 2 kilo vergeleken met halfvolle melk.

SKINNY KOFFIE VERKEERD

VOOR 1 PERSOON - **S** - 53 KCAL

INGREDIËNTEN

150 ml magere melk
100 ml hete koffie
optioneel: steviadruppels of -poeder naar smaak

BEREIDINGSWIJZE

Verwarm de magere melk in een steelpan op hoog vuur. Laat warm, maar niet heet worden. Je kunt eventueel een schuimklopper gebruiken om de melk op te kloppen. Schenk de koffie in een hoog glas en vul aan met de warme melk. Zoet eventueel met wat stevia.

FRIS SINAASAPPELSAP

VOOR 1 PERSOON - **XS** - 45 KCAL

INGREDIËNTEN

100 ml versgeperst sinaasappelsap
150 ml koolzuurhoudend water

BEREIDINGSWIJZE

Giet het sinaasappelsap in een groot glas en vul aan met het koolzuurhoudend water.

IJSTHEE

VOOR 1 PERSOON - **XS** - 8 KCAL

INGREDIËNTEN

200 ml thee naar keuze
1 schijfje limoen
½ schijfje citroen
1 schijf sinaasappel, gehalveerd
2 blaadjes verse munt, gescheurd
paar ijsklontjes
optioneel: steviadruppels of -poeder naar smaak

BEREIDINGSWIJZE

Zet thee en laat de thee helemaal afkoelen. Giet de thee in een groot glas, zet in de koelkast en laat ijskoud worden. Voeg limoen, citroen, sinaasappel, munt en ijsklontjes toe aan de ijsthee. Maak eventueel wat zoeter met een beetje stevia. Serveer met een stamper en een rietje.

FRAMBOZENWATER

VOOR 1 PERSOON - **XS** - 0 KCAL

INGREDIËNTEN

200 ml water
2 handen frambozen (diepvries)
paar ijsklontjes

BEREIDINGSWIJZE

Meng het water met de frambozen en zet minimaal 4 uur in de koelkast. Giet het frambozenwater door een zeef en gebruik de frambozen ergens anders voor. Vul een groot glas met de ijsklontjes en schenk het frambozenwater erop.

WATER MET LIMOEN, KOMKOMMER EN MUNT

VOOR 1 PERSOON - **XS** - 8 KCAL

INGREDIËNTEN

200 ml water
1 el limoensap
2 schijfjes komkommer
2 blaadjes verse munt, gescheurd
paar ijsklontjes
1 schijfje limoen

BEREIDINGSWIJZE

Meng het water met het limoensap, de komkommer en munt in een groot glas. Zet het glas een paar uur in de koelkast. Vul het water aan met de ijsklontjes en het schijfje limoen.

VOOR 1
PERSOON

BLEEKSELDERIJ EN RADIJS

MET HÜTTENKÄSE-BIESLOOKDIP

- **XS** -
50 KCAL

INGREDIËNTEN
2 el hüttenkäse
paar sprieten verse bieslook, fijngehakt
peper
5 radijsjes, gehalveerd
150 g bleekselderij, in reepjes

BEREIDINGSWIJZE
Meng de hüttenkäse met de bieslook en breng op smaak met peper. Serveer de radijsjes en bleekselderij met de dip.

SLANKTIP - **XS** - 32 KCAL
Laat de hüttenkäse weg. Bestrooi de radijsjes en bleekselderij met de bieslook en peper.

VOOR 1
PERSOON

WORTEL MET SINAASAPPEL

- **S** -
68 KCAL

INGREDIËNTEN
150 g bospeen, geschrapt
3 el sinaasappelsap

BEREIDINGSWIJZE
Rasp de worteltjes en meng met het sinaasappelsap.

SLANKTIP - **XS** - 48 KCAL
Neem alleen de ongeraspte wortel.

VOOR 1
PERSOON

BIETJES
MET BALSAMICO EN SINAASAPPEL

- S -
75 KCAL

INGREDIËNTEN

½ tl plantaardige olie
150 g gekookte biet, in dunne plakjes
1 el + 1 tl versgeperst sinaasappelsap
½ el balsamicoazijn
¼ biologische sinaasappel, rasp
zout
peper

BEREIDINGSWIJZE

Verwarm de oven voor op 250 °C en zet op de hoogste grillstand. Bestrijk een schone bakplaat met de olie. Gebruik geen bakpapier, want dat kan vlam vatten door de hoge temperaturen. Verdeel de plakjes biet over de bakplaat. Meng 1 eetlepel sinaasappelsap en de balsamicoazijn tot een dressing en bestrijk de plakjes biet hiermee met behulp van een kwastje. Houd de helft van de dressing apart. Zet de bakplaat 5 minuten onder de grill. Schik de plakjes biet op een bord en bestrijk met de overgebleven dressing. Besprenkel met het resterende sinaasappelsap, bestrooi met de sinaasappelrasp en breng op smaak met zout en peper. Serveer meteen.

VOOR 1
PERSOON

KOMKOMMER
MET RODE PEPER EN AZIJN

- XS -
18 KCAL

INGREDIËNTEN

⅓ komkommer, in zeer dunne plakjes
1 el azijn
¼ rode peper, fijngehakt

BEREIDINGSWIJZE

Meng de komkommer met de azijn en rode peper. Laat even staan.

PLUSTIP - XS - 23 KCAL

Los ¼ theelepel kristalsuiker op in de azijn.

VOOR 1 PERSOON

CHERRYTOMATEN
UIT DE OVEN

- S -
81 KCAL

INGREDIËNTEN

250 g cherrytomaten, gehalveerd
1 tl oregano, gedroogd
zout
peper

BEREIDINGSWIJZE

Verwarm de oven voor op 200 °C. Meng in een kom de tomaten met de oregano en breng op smaak met zout en peper. Spreid de tomaten uit over een met bakpapier beklede bakplaat met de vruchtvleeszijde naar boven. Bak ongeveer 20-30 minuten in de oven, afhankelijk van hoe zacht en kleverig je de tomaten wilt. Hoe langer je ze bakt, hoe zoeter ze worden. Het sap dat eruit loopt kan snel verbranden, schuif de tomaten dan naar een ander plekje op de plaat. Laat de tomaat zelf niet te donker kleuren, dat smaakt bitter.

VOOR 1 PERSOON

PAPRIKA
MET GEROOSTERDE KIKKERERWTEN

- M -
142 KCAL

INGREDIËNTEN

½ tl plantaardige olie
1 tl komijnpoeder
chilipoeder, naar smaak
50 g kikkerwerwten (blik), afgespoeld en goed uitgelekt
1 rode paprika, in blokjes

BEREIDINGSWIJZE

Verhit de olie in een antiaanbakpan op halfhoog vuur en verwarm de komijn en chili tot ze gaan geuren. Voeg de kikkererwten toe en bak goudbruin en knapperig. Laat de kikkererwten afkoelen tot lauwwarm. Meng met de blokjes paprika.

SLANKTIP - **XS** - 50 KCAL

Neem alleen de rauwe paprika.

VOOR 1 PERSOON

GEGRILDE GROENE ASPERGETIPS

MET ZEEZOUT

- **XS** -
19 KCAL

INGREDIËNTEN

100 g groene aspergetips
zeezout

BEREIDINGSWIJZE

Verhit de grillpan tot loeiheet. Gril de aspergetips gaar in een paar minuten, keer halverwege om. Bestrooi met zeezout.

PLUSTIP - S - 82 KCAL
Lekker met 1 eetlepel geroosterd sesamzaad.

VOOR 1 PERSOON

ASPERGES

MET SKINNY MAYO

- **XS** -
47 KCAL

INGREDIËNTEN

1 tl yoghurtmayonaise
1 el Griekse yoghurt 0%
150 g witte asperges, gaar (pot)

BEREIDINGSWIJZE

Meng de yoghurtmayonaise en yoghurt tot een sausje en serveer met de asperges.

SLANKTIP - **XS** - 24 KCAL
Neem alleen de asperges.

PLUSTIP - **M** - 111 KCAL
Neem 2 eetlepels yoghurtmayonaise en laat de yoghurt weg.

VOOR 1
PERSOON

GEROOSTERDE BLOEMKOOL

MET KOMIJN EN CHILI

- **XS** -
43 KCAL

INGREDIËNTEN

150 g bloemkool, in roosjes
1 tl komijnpoeder
¼ tl chilipoeder
zout

BEREIDINGSWIJZE

Kook de bloemkoolroosjes beetgaar in een steelpan met een klein laagje water. Doe de bloemkool in een vergiet en laat uitdampen. Verhit een antiaanbakpan en bak de bloemkool zonder olie goudbruin, draai af en toe om. Bestrooi de bloemkool met de komijn- en chilipoeder en bak een paar seconden mee. Schud de pan zodat de bloemkool helemaal bedekt is met de specerijen. Breng op smaak met zout.

VOOR 1
PERSOON

GESTOOMDE BIMI

MET SESAM

- **S** -
82 KCAL

INGREDIËNTEN

150 g bimi
1 tl sesamolie

BEREIDINGSWIJZE

Vul een kookpan met een laagje water en breng aan de kook. Zet een stoommand of metalen vergiet op de pan en stoom de bimi met het deksel erop beetgaar in circa 6-8 minuten. Besprenkel met de sesamolie.

SLANKTIP - **XS** - 40 KCAL
Vervang de sesamolie door een snufje zeezout en peper.

PLUSTIP - **M** - 145 KCAL
Voeg 1 eetlepel geroosterd sesamzaad toe.

VOOR 1 PERSOON

SOJASAUS

MET LIMOEN EN BOSUI

- **XS** -
42 KCAL

INGREDIËNTEN

1 el Japanse sojasaus
½ tl limoensap
½ tl azijn
¼ bosui, in dunne ringetjes

BEREIDINGSWIJZE

Meng de ingrediënten tot een sausje.

LEKKER MET - **S** - 80 KCAL

150 gram rauwe bloemkoolroosjes of 150 gram rode paprika in repen.

PLUSTIP - **S** - 63 KCAL

Voeg ½ tl sesamolie toe.

VOOR 1 PERSOON

GOMASHIO

- **S** -
63 KCAL

INGREDIËNTEN

1 el sesamzaad
¼ tl zeezout

BEREIDINGSWIJZE

Rooster het sesamzaad met het zeezout in een droge antiaanbakpan goudbruin. Laat afkoelen op een bord en stamp fijn in een vijzel tot het zanderig van structuur is, maar er nog geen vet vrijkomt uit het sesamzaad.

LEKKER MET - **S** - 93 KCAL

Doop gehalveerde cherrytomaten (100 gram in verschillende kleuren) in de gomashio.

VOOR 1 PERSOON

PAPRIKADIP

- XS -
43 KCAL

INGREDIËNTEN
2 el Griekse yoghurt 0%
1 tl yoghurtmayonaise
1 tl tomatenpuree
50 g gegrilde rode paprika (pot)
optioneel: 1 druppel stevia
zout
peper

BEREIDINGSWIJZE
Pureer de ingrediënten in de blender of met de staafmixer en breng op smaak met zout en peper. Zoet naar wens met 1 druppel stevia.

LEKKER MET - **S** - 62 KCAL
100 gram gegrilde groene aspergetips.

PLUSTIP - **S** - 58 KCAL
Vermeerder de hoeveelheid yoghurtmayonaise tot 1 eetlepel.

VOOR 1 PERSOON

MEXICAANSE DIP

- XS -
50 KCAL

INGREDIËNTEN
2 tomaten, in blokjes
25 g rode ui, gesnipperd
¼ teentje knoflook, fijngeperst
¼ rode peper, fijngesneden
zout
peper

BEREIDINGSWIJZE
Pureer de ingrediënten in de blender of met de staafmixer en breng op smaak met zout en peper.

LEKKER MET - **L** - 196 KCAL
30 gram tortillachips naturel.

Verwar honger niet met dorst. Heb je best vaak trek? Grote kans dat je dorst hebt in plaats van honger. Drink voortaan eerst eens een kop thee of een glas water.

VOOR 1 PERSOON

KERRIESAUS

- XS -
30 KCAL

INGREDIËNTEN
2 el magere yoghurt
1 tl yoghurtmayonaise
½ tl kerriepoeder
½ el bieslook, gedroogd
peper

BEREIDINGSWIJZE
Meng de ingrediënten tot een sausje, verdun eventueel met een beetje water. Breng op smaak met een beetje peper.

LEKKER MET - **S** - 68 KCAL
150 gram rauwe bloemkoolroosjes.

VOOR 1 PERSOON

INDIASE YOGHURTSAUS

- XS -
25 KCAL

INGREDIËNTEN
3 el magere yoghurt
¼ tl kurkumapoeder
¼ tl komijnpoeder
snufje korianderpoeder
snufje chilipoeder
mespuntje verse gember, fijngehakt
2 el verse koriander, gehakt
peper

BEREIDINGSWIJZE
Meng de yoghurt met de specerijen, gember en koriander tot een sausje. Breng op smaak met peper.

LEKKER MET - **S** - 65 KCAL
150 gram gestoomde broccoliroosjes.

Best of both. **Als origineel en alternatief hapje tussendoor (of bij het diner) zijn groentechips een ware traktatie.**

AARDAPPELCHIPS

VOOR 1 PERSOON - **S** - 88 KCAL

INGREDIËNTEN

1 middelgrote aardappel, geschild (100g)
zout naar smaak

BEREIDINGSWIJZE

Verwarm de oven voor op 180 °C. Schaaf de aardappel met een kaasschaaf of mandoline in zeer dunne plakken. Verdeel de plakjes aardappel over een met bakpapier beklede bakplaat. Rooster de aardappel in 15-20 minuten knapperig. Keer af en toe om en pas op voor aanbranden. Laat afkoelen op een bord en bestrooi eventueel met zout.

WORTELCHIPS

VOOR 1 PERSOON - **XS** - 34 KCAL

INGREDIËNTEN

1 winterwortel, schoongeraspt (100 g)
zout naar smaak

BEREIDINGSWIJZE

Verwarm de oven voor op 180 °C. Schaaf de wortel met een kaasschaaf of mandoline in zeer dunne plakken of lange repen. Verdeel de wortel over een met bakpapier beklede bakplaat. Rooster de wortel in 15-20 minuten knapperig. Keer af en toe om en pas op voor aanbranden. Laat afkoelen op een bord en bestrooi eventueel met zout.

BIETENCHIPS

VOOR 1 PERSOON - **XS** - 29 KCAL

INGREDIËNTEN

1 rode biet, ongekookt (100 g)
zout naar smaak

BEREIDINGSWIJZE

Verwarm de oven voor op 180 °C. Schaaf de biet met een kaasschaaf of mandoline in zeer dunne plakken. Verdeel de plakjes biet over een met bakpapier beklede bakplaat. Rooster de biet in 15-20 minuten knapperig. Keer af en toe om en pas op voor aanbranden. Laat afkoelen op een bord en bestrooi eventueel met zout.

915433 €2,13

Ken je de Tussendoortjesvergelijker? Daarop worden allerlei soorten ijs vergeleken met koek en snoep. De ijsjes winnen het vaak als slim tussendoortje. Maar deze ijsjes al helemaal! Lekker, gezond, laag in kcal en je scoort altijd bij de kinderen.

VOOR 1 PERSOON

IJSLOLLY
MET BLAUWE BES EN MUNT

- XS -
27 KCAL

INGREDIËNTEN

50 g blauwe bessen (diepvries), ontdooid
1 el water
2 blaadjes verse munt, fijngehakt
1 tl citroensap

BEREIDINGSWIJZE

Meng de blauwe bessen met het water, de munt en het citroensap in de blender of beker van de staafmixer en pureer fijn. Giet het mengsel in een ijslollyvorm en zet 24 uur in de vriezer.

VOOR 1 PERSOON

AARDBEIEN-FRAMBOZENIJS
MET YOGHURT EN CITROEN

- S -
73 KCAL

INGREDIËNTEN

100 g aardbeien (diepvries)
100 g frambozen (diepvries)
1 el Griekse yoghurt 0%
1 tl biologische citroenrasp

BEREIDINGSWIJZE

Haal de aardbeien en frambozen uit de vriezer en laat 5 minuten staan. Snijd de aardbeien in vieren en meng met de frambozen. Pureer het fruit met de yoghurt en het citroenrasp in de blender of met de staafmixer tot romig ijs.

VOOR 1 PERSOON

BANANENIJS

MET YOGHURT

- **M** -
133 KCAL

INGREDIËNTEN

1 banaan (130 g)
1 el Griekse yoghurt 0%

Snelle tip
Houd een banaan op voorraad in de vriezer dan is dit ijsje nog sneller gemaakt.

BEREIDINGSWIJZE

Snijd de banaan in plakjes en vries deze minimaal 1 uur in. Haal de plakjes banaan uit de vriezer en laat in 5 minuten iets zachter worden. Voeg de banaan en de yoghurt toe aan de blender of beker van de staafmixer en pureer fijn tot romig ijs.

PLUSTIP - **XL** - 310 KCAL
Serveer met 25 gram grof gehakte walnoten.

VOOR 1 PERSOON

IJSLOLLY

MET APPEL EN LIMOEN

- **XS** -
33 KCAL

INGREDIËNTEN

70 ml troebel appelsap
½ limoen, geraspt
½ el limoensap

BEREIDINGSWIJZE

Meng het appelsap met de limoenrasp en het limoensap. Giet het sap in een ijslollyvorm en zet 24 uur in de vriezer.

VOOR 1
PERSOON

FRISSE MINI-SALADE

MET RODE KOOL, BONEN EN KORIANDER

- M -
108 KCAL

INGREDIËNTEN

100 g rode kool, rauw, in dunne reepjes
25 g bruine linzen (blik), afgespoeld en uitgelekt
25 g kidneybonen (blik), afgespoeld en uitgelekt
1 handje verse koriander, grof gehakt
1 el volle yoghurt
1 tl yoghurtmayonaise
chilipoeder
peper

BEREIDINGSWIJZE

Meng de rode kool met de linzen, kidneybonen, koriander, yoghurt en yoghurtmayonaise. Breng op smaak met chilipoeder en peper.

VOOR 1
PERSOON

MINI-SALADE

MET SPINAZIE, AVOCADO EN LINZEN

- L -
199 KCAL

INGREDIËNTEN

¼ avocado, in blokjes
50 g bruine linzen (blik), afgespoeld en uitgelekt
50 g verse spinazie, goed gewassen en uitgelekt
1 tl sesamolie
1 tl (sherry)azijn
chilipoeder
peper

BEREIDINGSWIJZE

Meng de avocado, linzen en spinazie met de sesamolie en azijn. Breng op smaak met chilipoeder en peper.

In kleine bakjes op een mooie schaal vinden deze mini-salades altijd gretig aftrek op feestjes. Aanrader dus!

VOOR 1
PERSOON

SPAANS BROOD

UIT DE OVEN MET KNOFLOOK EN TOMAAT

- M -
135 KCAL

INGREDIËNTEN

1 witte mini-pistolet (50 g)
½ teentje knoflook
½ tomaat, gehalveerd

BEREIDINGSWIJZE

Bak de pistolet af volgens de aanwijzingen op de verpakking. Laat de oven aan op 220 °C. Laat de pistolet iets afkoelen en snijd in de lengte doormidden. Wrijf het brood in met de teen knoflook, hak de knoflook vervolgens fijn en strooi over het brood. Wrijf het brood in met de sappige tomaat, maar zorg dat het brood niet slap wordt. Bak het brood krokant in de oven of onder de grill.

PLUSTIP - **L** - 180 KCAL
Verdeel 1 theelepel olijfolie over het brood voor het bakken.

VOOR 1
PERSOON

WARM KNOFLOOK-KRUIDENBROOD

MET KIEMEN

- M -
135 KCAL

INGREDIËNTEN

1 tl roomboter, gesmolten
½ teentje knoflook, fijngeperst
1 handje gemengde verse kruiden: dille, peterselie, bieslook en dragon, fijngehakt
zout
peper
1 snee witbrood
1 handje kiemen naar keuze

BEREIDINGSWIJZE

Meng de roomboter met de knoflook en verse kruiden. Breng op smaak met zout en peper. Rooster het brood in de broodrooster en bestrijk het nog hete brood met de kruidenboter. Leg het brood onder de hete grill zodat het een krokant korstje krijgt. Garneer met de kiemen.

PLUSTIP - **L** - 168 KCAL
Vervang het witbrood door 1 witte, afgebakken mini-pistolet van 50 gram.

VOOR 1 PERSOON

ZOUTE POPCORN MET ROZEMARIJN

- S -
62 KCAL

INGREDIËNTEN

1 el pofmaïs (gedroogde maïskorrels)
1 tl water
zout
15 naaldjes verse rozemarijn, fijngehakt of 1 tl gedroogd

BEREIDINGSWIJZE

Verhit een antiaanbakpan op hoog vuur. Doe de korrels in de pan als de pan zeer heet is en doe het deksel op de pan. Schud de pan voortdurend om te voorkomen dat de korrels aanbranden, door met één hand de steel van de pan en met de andere hand het deksel vast te houden. Zet afwisselend de pan op het vuur of houd deze er vlak boven. Ga zo door en houd het deksel een beetje scheef zodat de stoom kan ontsnappen zodra de korrels beginnen te poppen. Doe het water, zout en de rozemarijn in een kom. Doe de popcorn erbij en druk goed door het mengsel heen, zodat de popcorn aan alle kanten bedekt is. Het water zorgt ervoor dat het zout en de rozemarijn aan de popcorn blijven plakken. Serveer meteen.

VOOR 1 PERSOON

ZOUTE POPCORN MET KARAMEL EN CHOCOLADE

- M -
114 KCAL

INGREDIËNTEN

1 el pofmaïs (gedroogde maïskorrels)
10 g Tony's Chocolonely melk karamel zeezout of ½ mini-Mars
zout

BEREIDINGSWIJZE

Bereid de popcorn zoals beschreven in het recept voor popcorn met rozemarijn (zie hiernaast). Doe de popcorn in een kom. Smelt de chocolade au bain-marie: in een kommetje boven een pan met kokend water. Zorg dat het water het kommetje niet raakt. Giet de chocolade in een straaltje over de popcorn en meng goed zodat de popcorn aan alle kanten bedekt is met chocolade. Strooi een heel klein beetje zout over de popcorn en serveer meteen.

Vroeger at ik na mijn avondmaaltijd standaard een toetje. Eigenlijk best zonde. Waarom zou je dat doen? Je hebt toch net gegeten, dus honger heb je niet. Het gaat alleen maar om de lekkere trek.... Nu zijn toetjes ook wel erg lekker natuurlijk. Mijn oplossing? Het toetje verplaatsen naar later op de avond. Als je echt weer zin hebt in iets, is dán je toetje eten slimmer en geniet je er meer van!

VOOR 1 PERSOON

HANGOP
MET RABARBER EN AARDBEI

- M -
140 KCAL

INGREDIËNTEN

75 g rabarber, in stukjes
100 g aardbeien, in vieren
optioneel: steviadruppels of -poeder naar smaak
150 g hangop

BEREIDINGSWIJZE

Doe de rabarber en de helft van de aardbeien in een steelpan met een klein laagje water. Zet het vuur hoog, breng het mengsel aan de kook en zet het vuur laag. Kook in circa 10 minuten zacht en gaar. Laat de compote helemaal afkoelen en verder koud worden in de koelkast. Maak naar smaak eventueel nog iets zoeter met wat stevia. Serveer de hangop met de compote en garneer met de overige aardbeien.

VOOR 1 PERSOON

HANGOP
MET MANDARIJN EN KOEKKRUIDEN

- M -
125 KCAL

INGREDIËNTEN

1 mandarijn
150 g hangop
1 tl koekkruiden

BEREIDINGSWIJZE

Pel de mandarijn en verdeel in partjes. Doe de hangop in een schaaltje en garneer met de mandarijn. Bestrooi met de koekkruiden.

PLUSTIP - **L** - 197 KCAL

Verkruimel 1 plak Peijnenburg zero ontbijtkoek over de hangop.

VOOR 1
PERSOON

CHOCOLATE CHIP COOKIE SANDWICH

MET CHOCOLADEMOUSSE EN FRAMBOZEN

- L -
195 KCAL

INGREDIËNTEN

2 chocolate chip cookies
1 el frambozenjam
2 el chocolademousse
1 el verse frambozen

Niet zo gezond, maar dit koekje geef ik minstens een acht en staat dus regelmatig op mijn menu.

BEREIDINGSWIJZE

Bestrijk de koekjes met de frambozenjam.
Schep de chocolademousse op een koekje, leg de frambozen erop en dek af met het andere koekje.

SLANKTIP - **M** - 139 KCAL
Vervang de chocolate chip cookies door 2 mariabiscuitjes.

VOOR 1
PERSOON

KOEKJESSANDWICH

MET GRIEKSE YOGHURT EN FRUIT

- L -
193 KCAL

INGREDIËNTEN

2 el volle Griekse yoghurt
2 digestivekoekjes
1 el gemengd vers fruit, in blokjes

BEREIDINGSWIJZE

Schep de yoghurt op een koekje, leg het fruit erop en dek af met het andere koekje.

Fruit bevat veel vitaminen, vezels en mineralen. Het is lekker en gezond. Onbeperkt fruit eten is niet per se een goed idee, maar fruit als alternatief voor koek en snoep absoluut wel.

BANAAN MET CHOCOLADE

VOOR 1 PERSOON - **L** - 178 KCAL

INGREDIËNTEN

1 banaan (130 gram)
10 g pure chocolade, grof gehakt

BEREIDINGSWIJZE

Verwarm de oven voor op 200 °C. Pel de banaan en leg deze op een stuk aluminiumfolie. Steek de stukjes chocolade goed in de banaan (dit voorkomt verbranden van de chocolade) en vouw het folie dicht. Leg de banaan in de oven tot de banaan zacht is en de chocolade gesmolten. Dit duurt ongeveer 15-20 minuten. Serveer warm.

SLANKTIP - **M** - 124 KCAL
Laat de chocolade weg.

PLUSTIP - **XL** - 336 KCAL
Voeg 1 handje grof gehakte ongezouten pinda's toe.

DRUIVEN MET VERSE GEMBER

VOOR 1 PERSOON - **S** - 80 KCAL

INGREDIËNTEN

1 cm verse gember
50 g witte druiven, pitloos
50 g blauwe druiven, pitloos

BEREIDINGSWIJZE

Schil de gember, rasp fijn en meng met de druiven.

MANGO

VOOR 1 PERSOON - **M** - 127 KCAL

½ mango, in reepjes
1 el geraspte kokos
½ el limoensap

BEREIDINGSWIJZE

Meng de mango met de kokos en het limoensap.

SLANKTIP - **XS** - 35 KCAL
Laat de kokos weg.

KIWI MET BLAUWE BESSEN

VOOR 1 PERSOON - **S** - 71 KCAL

INGREDIËNTEN

1 kiwi
1 handje blauwe bessen

BEREIDINGSWIJZE

Schil de kiwi en snijd in blokjes. Meng de kiwi met de blauwe bessen.

APPEL MET KANEEL UIT DE OVEN

VOOR 1 PERSOON - **S** - 81 KCAL

INGREDIËNTEN

1 appel, geschild en in blokjes
kaneel

BEREIDINGSWIJZE

Verwarm de oven voor op 200 °C. Doe de appel in een klein ovenschaaltje, bestrooi met de kaneel en meng met een paar eetlepels water. Zet de appel in de oven tot hij zacht is. Dit duurt ongeveer 20-30 minuten. Eet warm of laat afkoelen en koud worden in de koelkast.

WARME PRUIMEN MET GEITENKAAS EN OLIJF

VOOR 1 PERSOON - **S** - 89 KCAL

INGREDIËNTEN

100 g pruimen, in blokjes
5 kalamataolijven zonder pit, in reepjes
5 g zachte geitenkaas, verkruimeld

BEREIDINGSWIJZE

Doe de pruimen met een paar eetlepels water in een steelpan. Verwarm tot de pruimen zacht zijn, de bereidingstijd is afhankelijk van de rijpheid. Meng de warme pruimen met de olijven en bestrooi met de geitenkaas.

SLANKTIP - **XS** - 49 KCAL

Neem alleen de pruimen.

MELOEN MET RAUWE HAM

VOOR 1 PERSOON - **S** - 51 KCAL

INGREDIËNTEN

100 g meloen
1 plakje rauwe ham (10 g)

BEREIDINGSWIJZE

Snijd de meloen in hapklare blokjes en scheur de rauwe ham in repen. Doe de meloen in een schaaltje en drapeer de ham over de meloen.

SLANKTIP - **XS** - 32 KCAL

Neem alleen de meloen.

WATERMELOEN MET MUNT

VOOR 1 PERSOON - **XS** - 38 KCAL

INGREDIËNTEN

100 g watermeloen
blaadjes verse munt naar smaak

BEREIDINGSWIJZE

Haal de pitten uit de watermeloen en snijd de watermeloen in blokjes. Snijd de blaadjes munt in dunne reepjes en strooi over de watermeloen.

PLUSTIP - **M** - 124 KCAL

Strooi 1 eetlepel geroosterde pompoenpitten over de watermeloen.

PERZIK MET PASSIEVRUCHT
VOOR 1 PERSOON - **S** - 53 KCAL

INGREDIËNTEN
1 passievrucht
1 perzik, geschild

VBEREIDINGSWIJZE
Snijd de passievrucht doormidden en lepel het vruchtvlees eruit. Zet apart. Snijd de perzik in blokjes en meng met het vruchtvlees van de passievrucht.

SLANKTIP - **XS** - 45 KCAL
Neem alleen de perzik.

SLANKTIP - **XS** - 8 KCAL
Neem alleen de passievrucht.

BESSENMIX
VOOR 1 PERSOON - **S** - 56 KCAL

INGREDIËNTEN
50 g rode bessen
50 g bosbessen

BEREIDINGSWIJZE
Ris de rode bessen van de steeltjes en meng met de bosbessen.

KERSEN
VOOR 1 PERSOON - **S** - 54 KCAL

INGREDIËNTEN
100 g kersen

BEREIDINGSWIJZE
Serveer de kersen met de steeltjes er nog aan. *That's all.* Want zeg nou zelf, kersen hebben toch niets extra nodig?

FRAMBOZEN MET EEN VLEUGJE BITTERKOEKJES
VOOR 1 PERSOON - **XS** - 35 KCAL

INGREDIËNTEN
100 g frambozen
paar druppels amandelaroma

BEREIDINGSWIJZE
Meng de frambozen met het amandelaroma.

PLUSTIP - **S** - 76 KCAL
Vervang het amandelaroma door 1 bitterkoekje en verkruimel dit over de frambozen.

MANDARIJN MET KARDEMOM
VOOR 1 PERSOON - **XS** - 28 KCAL

INGREDIËNTEN
1 mandarijn
10 kardemompeulen

BEREIDINGSWIJZE
Pel de mandarijn en snijd de partjes in blokjes. Kneus de kardemompeulen in de vijzel en verwijder de peulen zodat je alleen de zaadjes overhoudt. Stamp de zaadjes tot poeder en strooi dit over de mandarijn, meng goed en serveer meteen.

MINNEOLA MET SPECULAASKRUIDEN

VOOR 1 PERSOON - **XS** - 45 KCAL

INGREDIËNTEN

1 minneola
snuf koek- en speculaaskruiden

BEREIDINGSWIJZE

Pel de minneola en snijd de partjes in blokjes.
Bestrooi met de koek- en speculaaskruiden.

PLUSTIP - **S** - 76 KCAL

Vervang de koek- en speculaaskruiden door 1 speculaasje of 1 handje kruidnoten. Verkruimel deze over de minneola.

PEER MET PARMEZAANSE KAAS

VOOR 1 PERSOON - **L** - 163 KCAL

INGREDIËNTEN

1 rijpe peer (Doyenné du Comice)
20 g Parmezaanse kaas

BEREIDINGSWIJZE

Schil de peer en snijd in dunne plakken. Schaaf de Parmezaanse kaas in dunne plakjes. Schik de plakken peer om en om met de Parmezaanse kaas op een bordje.

ROZE GRAPEFRUIT MET SINAASAPPELSAP

VOOR 1 PERSOON - **S** - 63 KCAL

INGREDIËNTEN

1 roze grapefruit
1 el versgeperst sinaasappelsap

BEREIDINGSWIJZE

Snijd aan de boven- en onderkant een kapje van de grapefruit. Snijd met een scherp mes de schil in gedeelten van de grapefruit, van boven naar beneden, met de ronding van de grapefruit mee.
Snijd de grapefruitpartjes tussen de vliesjes uit en meng met het sinaasappelsap.

AARDBEIEN MET PEPER EN BALSAMICOAZIJN

VOOR 1 PERSOON - **XS** - 29 KCAL

INGREDIËNTEN

100 g aardbeien, in blokjes
1 tl balsamicoazijn
peper

BEREIDINGSWIJZE

Meng de aardbeien met de balsamicoazijn en breng op smaak met een beetje peper.

VOOR
6 STUKS

CACAOBALLETJES
MET HAZELNOOT EN KOKOS

- S -
95 KCAL

INGREDIËNTEN

100 g dadels zonder pit
2 el cacaopoeder, ongezoet
20 g hazelnoten, gehakt
2 el muesli zonder suiker
1 el geraspte kokos

BEREIDINGSWIJZE

Meng alle ingrediënten behalve de kokos in de blender of beker van de staafmixer en pureer fijn tot een samenhangend deeg. Heel goed fijnhakken en mengen met de hand kan ook. Rol balletjes van het deeg, doe de kokos in een schaaltje en rol de balletjes erdoor. Laat opstijven in de koelkast. De balletjes zijn in een afgesloten bakje 2-3 dagen houdbaar in de koelkast en 1 maand in de vriezer.

VOOR 4
REEPJES

HAVERREEP
MET VIJGEN, APPEL EN WALNOOT

- M -
148 KCAL

INGREDIËNTEN

70 g gedroogde vijgen
50 g appel, geraspt
1 el zonnebloempitten
1 el pompoenpitten
3 el havermout
20 g walnoot
¼ tl kaneel

BEREIDINGSWIJZE

Meng alle ingrediënten in de blender of beker van de staafmixer en maal fijn tot een samenhangend deeg. Heel goed fijnhakken en mengen met de hand kan ook. Bekleed een klein vierkant of rechthoekig schaaltje met bakpapier, doe het deeg erin en druk gelijkmatig plat met de bolle kant van een lepel. Dek af met plasticfolie en laat opstijven in de koelkast. Snijd in 4 reepjes of vierkanten. De reepjes zijn in een afgesloten bakje 2-3 dagen houdbaar in de koelkast en 1 maand in de vriezer.

Vroeger zei ik altijd: één stukje chocolade is geen chocolade, en dan ging vervolgens de hele reep op. Het rare is, je proeft vaak niet eens wat je eet als je zoveel naar binnen propt. Inmiddels geniet ik veel meer – want heel bewust – van een cacaoballetje of stukje chocolade (of twee). Ik ben zeventien kilo afgevallen met elke dag chocolade. En dát maakt afvallen leuk; eten wat je wilt en afvallen kan echt.

VOOR 1
PERSOON

KWARK MET AARDBEIEN

- **S** -
100 KCAL

INGREDIËNTEN

100 g verse aardbeien
100 g Weerribben magere kwark

BEREIDINGSWIJZE

Snijd de aardbeien in blokjes.Schep de kwark in een schaaltje en garneer met de aardbeien.

PLUSTIP - **M** - 135 KCAL

Neem 150 gram kwark.

PLUSTIP - **XL** - 236 KCAL

Vervang de kwark door 40 gram gezoete opgeklopte slagroom en voeg 1 blokje (7 gram) geschaafde, pure chocolade toe.

VOOR 1
PERSOON

CHOCOFONDUE

MET ROOD FRUIT

- **L** -
197 KCAL

INGREDIËNTEN

25 g chocolade naar keuze
50 g aardbeien
50 g kersen
50 g frambozen

BEREIDINGSWIJZE

Smelt de chocolade au bain-marie: in een glazen kom boven een pan met kokend water. Zorg dat het water de kom niet raakt. Giet de gesmolten chocolade in een kommetje en serveer met het fruit.

VOOR 1
PERSOON

SKINNY TIRAMISU

- **L** -
153 KCAL

INGREDIËNTEN

2 lange vingers
1 el espresso
2 druppels amandelaroma
100 g Weerribben magere kwark
1 druppel stevia
50 g kersen (diepvries)
½ el cacaopoeder, ongezoet

BEREIDINGSWIJZE

Breek de lange vingers zodat je de bodem van een klein schaaltje ermee kunt bedekken. Meng de espresso met 1 druppel amandelaroma en giet over de lange vingers. Meng de kwark met het resterende amandelaroma en de stevia. Verdeel de kersen over de lange vingers, schep daar de kwark op. Doe de cacao in een zeefje en bestuif daarmee de tiramisu.

PLUSTIP - **XL** - 209 KCAL

Vervang de stevia door 1 theelepel kristalsuiker en het amandelaroma door 1 eetlepel amaretto.

Moe? Ga naar bed. Veel mensen verwarren 's avonds moeheid met lekkere trek. Ze eten omdat ze moe zijn. Herkenbaar? Ga slapen, dat helpt echt!

VOOR 1 CAKE
(10 PLAKKEN)

KRUIDCAKE MET SINAASAPPEL

- L -
174 KCAL

INGREDIËNTEN

100 g dadels zonder pit
300 g havermout
150 ml versgeperst sinaasappelsap
4 tl speculaaskruiden
1 zakje bakpoeder (16 g)
2 eieren
1 banaan
200 ml water
1 biologische sinaasappel, rasp

BEREIDINGSWIJZE

Verwarm de oven voor op 200 °C. Week de dadels 15 minuten in kokend water, giet af en snijd zeer fijn. Meng alle ingrediënten tot een homogeen beslag. Bekleed een cakevorm van 30 centimeter met bakpapier en giet het beslag erin. Bak de cake in het midden van de oven in 60 minuten goudbruin en gaar. Open de oven niet in de eerste 30 minuten, want dan kan de cake inzakken. Controleer met een satéprikker of de cake gaar is. Als de prikker er schoon uit komt is de cake gaar, anders zet je hem nog even in de oven. De cake blijft een beetje vochtig en is lekker klef van structuur.

LEKKER MET - L - 193 KCAL

Bestrijk 1 plak cake met 1 eetlepel Griekse volle yoghurt.

VOOR 6 STUKS

CHOCOLADE-MUFFIN

- M -
129 KCAL

INGREDIËNTEN

100 g dadels zonder pit
75 g (volkoren)meel
100 ml appelmoes
50 ml water
1 groot ei
30 g cacaopoeder, ongezoet
½ zakje bakpoeder (8 g)

BEREIDINGSWIJZE

Verwarm de oven voor op 180 °C.
Week de dadels 15 minuten in kokend water, giet af en snijd zeer fijn.
Meng alle ingrediënten tot een homogeen beslag. Neem 6 papieren cakevormpjes, zet deze eventueel in een muffin- of cupcakevorm en verdeel het beslag over de vormpjes. Bak de muffins in het midden van de oven in 30 minuten gaar. Open de oven niet in de eerste 20 minuten, want dan kunnen de muffins inzakken. Controleer met een satéprikker of de muffins gaar zijn. Als de prikker er schoon uit komt, zijn de muffins gaar, anders zet je ze nog even in de oven.

PLUSTIP - **XL** - 246 KCAL

Voeg 100 gram grof gehakte pecannoten aan het beslag toe.

VOOR 1 PERSOON

MUGCAKE MET BANAAN EN ROOD FRUIT

- XL -
263 KCAL

INGREDIËNTEN

50 g banaan, geprakt
20 g cranberry's, gedroogd
10 g kersen (diepvries), gehalveerd
10 g frambozen (diepvries), gehalveerd
10 g blauwe bessen (diepvries)
1 ei, geklutst
1 el tarwezemelen
10 g havermout
1 el volle Griekse yoghurt

BEREIDINGSWIJZE

Meng alle ingrediënten behalve de yoghurt, doe in een kleine mok en zet 2-3 minuten in de magnetron op vol vermogen tot de mugcake gaar is. Controleer de gaarheid met een satéprikker. Als de satéprikker er schoon uit komt, is je mugcake gaar, anders zet je hem nog even in de magnetron. De mugcake blijft vrij vochtig van structuur. Keer de mok om en stort de mugcake op een bord. Serveer lauwwarm of koud met de yoghurt.

VARIATIETIP - **XL** - 308 KCAL

Je kunt de mugcake ook in een voorverwarmde oven van 180 °C afbakken in circa 30 minuten. Vet de mok in met een halve theelepel olie voor je het beslag erin doet.

PLUSTIP - **XL** - 316 KCAL

Serveer met 1 extra eetlepel volle Griekse yoghurt en 100 gram frambozen.

NAWOORD

Daar ligt-ie dan: *Van XL naar S.* Ondanks mijn aversie tegen het voorschrijven wat iemand moet eten, is mijn eerste receptenboek een feit. En ik ben er ontzettend blij mee! Door de originele en lekkere recepten, mooie beelden en vooral door het systeem met de maatcodes is het wat mij betreft een superhandig boek geworden. Een boek dat echt helpt bij variëren, bewuste keuzes maken, balans vinden en slim combineren. En dus bij het nemen van eigen verantwoordelijkheid voor je eetpatroon. De hypes voorbij, zeg maar. Als alles mag, wat kies jij dan? Die keuzevrijheid geeft een fantastisch, energiek en krachtig gevoel. Afvallen met lekker eten kan zeker. Dat is houdbaar! Regie op je eetgedrag smaakt zo veel lekkerder dan overeten. Ik hoop dat jij er net zo van geniet als ik!

Dit boek had ik nooit alleen kunnen maken en daarom ben ik veel mensen mijn dank verschuldigd:

Marieke met haar gevoel voor stijl, scherpe blik, energie en ambitie om van elk boek dat ik maak een nog veel mooier en beter boek te maken.

Kelly voor de enorme hoeveelheid werk in het ontwikkelen van de lekkere en unieke recepten.

Arjan en Martijn voor het vertrouwen om dit nieuwe avontuur groots aan te pakken.

Saskia voor de sfeervolle fotografie, Suzanne voor de redactie, en alle anderen die meegewerkt hebben aan het tot stand komen van dit boek.

En tot slot Jaap, Lise, Faas en Jette; het proefpanel waar ik superveel van houd.

Mieke Kosters

RECEPTENINDEX

S

REGISTER